ANTJE BRAND

VEGETARISCH GENIESSEN

60 einfache, vollwertige Hauptgerichte für die ganze Familie

DANKESCHÖN!

Mein 3. Kochbuch widme ich von ganzem Herzen meiner Mutti und Gisbert. Tapfer haben die beiden jedes Gericht probiert und ihre Meinung kundgetan. Ihr habt mich ermutigt, dranzubleiben und mich auf meinem Weg bestätigt. Danke für eure positive Energie und tägliche treue Unterstützung.

Ich danke außerdem meinen Bruderherz. Carschti, 1000 Dank für deine großartige Unterstützung. Danke, dass du an mich glaubst.

2025 - 1. Auflage

Fotos Essen: Antje Brand
Fotos Antje: Christiane Schmidt
Design & Layout: Antje Brand
Druck in Deutschland

ISBN 978-3-00-081625-3

Website: www.antjebrand.de
E-Mail: info@antjebrand.de

Antje Brand
BODYCOACHING

Inhalt

Über die Autorin

Antje Brand, geboren 1980 in Thüringen, wuchs in einem kleinen ländlichen Städtchen auf.

Schon von Kindheit an hatte sie Zugang zu natürlichen Lebensmitteln und genoss nicht nur deren Frische und Qualität, sondern auch die Kochspezialitäten ihrer Oma und ihrer Mutter.

Im Jahr 2008 verwirklichte Antje ihren Traum. Als ärztlich geprüfte Gesundheitsberaterin ist sie als Expertin für vitalstoffreiche Vollwertkost tätig – eine Ernährungsweise, die den Körper mit allen notwendigen Vitalstoffen versorgt, um dauerhaft gesund und fit zu bleiben.

Antje bietet Ernährungsberatungen, Abnehmkurse und Kochkurse sowohl online als auch vor Ort an.

Ein paar Worte vorab...

Liebe Leserin, lieber Leser!

Du möchtest dich und deine Familie gesund und genussvoll ernähren, ohne auf natürliche Zutaten zu verzichten. Du suchst nach kreativen und unkomplizierten Rezepten, die dich im Alltag unterstützen, dir neue Energie schenken und deine Liebe zum Essen neu entfachen. Gleichzeitig liegt dir eine nachhaltige, vegetarische Ernährung am Herzen, die gut für dich und die Umwelt ist.

Dann hältst du genau das richtige Buch in deinen Händen!

Ich lade dich ein, die bunte und schmackhafte Vielfalt der vitalstoffreichen Vollwertkost zu entdecken. Mit den hier vorgestellten Rezepten wirst du staunen, wie leicht es ist, gesunde und vollwertige Mahlzeiten zuzubereiten, die nicht nur dich, sondern auch deine Familie und Freunde begeistern.

Das Beste daran: Du verzichtest bewusst auf ungesunde Zusatzstoffe wie Fabrikzucker, Weißmehl oder Geschmacksverstärker und setzt stattdessen auf natürliche, vollwertige Zutaten. So unterstützt du dein Wohlbefinden und genießt ganz ohne Kompromisse – lecker, nährstoffreich und alltagstauglich.

Ich wünsche dir viel Freude beim Nachkochen, Experimentieren und Genießen!

Antje

im Februar 2025

Warum ein vegetarisches, vollwertiges Rezeptbuch?

Dieses Buch zeigt, dass sich eine gesunde Lebensweise hervorragend mit Genuss verbinden lässt.

Ernährungsformen gibt es wie Sand am Meer. Dieses Rezeptbuch orientiert sich an den Prinzipien der vitalstoffreichen Vollwertkost nach Dr. Max-Otto Bruker – einer Ernährungsweise, die den Fokus auf natürliche, unverarbeitete Lebensmittel legt und auf Fleisch/Fisch, raffinierte Zuckerarten, Auszugsmehl, Fabrikfette und Fertigprodukte verzichtet.

Vitalstoffreiche Vollwertkost nach Dr. Max-Otto Bruker

Die vitalstoffreiche Vollwertkost hat das Ziel, unseren Körper mit einer Vielzahl von Vitalstoffen zu versorgen, die für die Aufrechterhaltung unserer Gesundheit und unseres Wohlbefindens entscheidend sind.

Dr. Max-Otto Bruker, ein Pionier der gesunden Ernährung, betonte, wie wichtig es ist, Lebensmittel in ihrer ursprünglichen Form zu konsumieren, um alle enthaltenen Nähr- und Vitalstoffe optimal nutzen zu können.

„

Es ist ein tragisches Kapitel menschlicher Geschichte, dass der Mensch sich so weit hat beeinflussen lassen, dass er der Nahrung umso mehr traut, je unnatürlicher und künstlicher sie ist, und dass er sich das Misstrauen zu allen Lebensmitteln, wie die Natur sie uns beschert, so fest hat einpflanzen lassen, dass er eher zugrunde geht, als diese Haltung aufzugeben. (Dr. Max-Otto-Bruker)

Die Grundzüge der vitalstoffreichen Vollwertkost

- **Frische, unverarbeitete Lebensmittel:** Die Grundlage der vitalstoffreichen Ernährung bilden frische, unverarbeitete Lebensmittel wie Obst, Gemüse, Getreide, Nüsse, Samen und Hülsenfrüchte. Diese Lebensmittel sind reich an essenziellen Vitaminen, Mineralstoffen und Ballaststoffen, die in verarbeiteten Nahrungsmitteln oft fehlen. Die Wahl frischer Zutaten stellt sicher, dass der Körper alle notwendigen Vitalstoffe erhält und gleichzeitig schädliche Zusatzstoffe vermieden werden.

- **Vermeidung von Fabrikzucker und künstlichen Zusätzen:** Lebensmittel, die Fabrikzucker, künstliche Aromen, Farbstoffe und ähnliche Zusätze enthalten, sollten gemieden werden. Diese Zusatzstoffe können gesundheitsschädlich sein, zur Gewichtszunahme führen und den Nährwert der Lebensmittel mindern. Die vollwertige Ernährung setzt auf natürliche Zutaten, die den Körper unterstützen und die Qualität der Ernährung steigern.

- **Vollkorn statt Auszugsmehl:** Vollkornprodukte sind ein zentrales Element der vitalstoffreichen Ernährung. Sie enthalten alle Teile des Getreidekorns – Keim, Randschicht, Mehlkörper – und bieten dadurch eine Fülle an Ballaststoffen, Vitaminen und Mineralstoffen. Im Vergleich dazu gehen bei der Verarbeitung von Auszugsmehl ein Großteil dieser wertvollen Vitalstoffe verloren. Die Wahl von Vollkornprodukten stellt sicher, dass alle notwendigen Nähr- und Vitalstoffe erhalten bleiben und unser Körper optimal versorgt wird.

- **Vermeidung von Fabrikfetten:** Auch die Art der Fette spielt eine wichtige Rolle. Fabrikfette, die in vielen industriell verarbeiteten Lebensmitteln enthalten sind, können gesundheitsschädlich sein. Stattdessen sollten wir natürliche Fette verwenden, wie sie in Nüssen, kaltgepressten Ölen sowie in Butter, Sahne und Schmand vorkommen. Diese natürlichen Fette unterstützen unseren Körper durch ihren Gehalt an fettlöslichen Vitaminen und ungesättigten Fettsäuren auf gesunde Weise.

Einfluss unserer Ernährung

In jahrzehntelanger praktischer Arbeit mit über 50.000 Patienten erforschte Dr. Max-Otto Bruker ausführlich die Zusammenhänge zwischen Lebensweise und Gesundheit. Dr. Bruker war fest davon überzeugt, dass jede Krankheit eine Ursache hat. Im Gegensatz zum Ansatz der Schulmedizin, die sich auf die symptomatische Linderung konzentriert, lag sein Fokus auf einer ursächlichen Heilbehandlung.

So konnte er eine Reihe von ernährungsbedingten Zivilisationskrankheiten identifizieren – Erkrankungen, die nachweislich auf eine vitalstoffarme Ernährung zurückzuführen sind. Etwa 80 % aller Krankheiten fallen in diesen Bereich.

Ernährungsbedingte Zivilisationskrankheiten:

1. Gebissverfall, Zahnkaries, Parodontose und Zahnfehlstellungen
2. Erkrankungen des Bewegungsapparates, (sog. rheumatische Erkrankungen), Arthrose und Arthritis, Wirbelsäulen- und Bandscheibenschäden
3. Alle Stoffwechselkrankheiten wie Übergewicht, Diabetes, Leberschäden, Gallensteine, Nierensteine, Gicht usw.
4. Die meisten Erkrankungen der Verdauungsorgane wie Stuhlverstopfung, Leber-, Gallenblasen-, Bauchspeicheldrüsen- sowie Dünn- und Dickdarmerkrankungen, Verdauungs- und Fermentstörungen.
5. Gefäßerkrankungen wie Arteriosklerose, Herzinfarkt, Schlaganfall und Thrombosen
6. Mangelnde Infektabwehr, die sich in immer wiederkehrenden Katarrhen und Entzündungen der Luftwege, den sog. Erkältungen, und in Nierenbecken- und Blasenentzündungen äußert.
7. Die meisten der so genannten Allergien.
8. Manche organische Erkrankungen des Nervensystems.
9. Auch an der Entstehung des Krebses ist die Fehlernährung in erheblichem Maße beteiligt.

Vegetarisch lohnt sich

In unserer heutigen Zeit, in der viele Lebensmittel **stark industriell verarbeitet** und mit **künstlichen Zusatzstoffen** angereichert sind, wird es immer wichtiger, bewusstere Entscheidungen für unsere Ernährung zu treffen. Gerade in einer vegetarischen Küche, die auf Frische und Vielfalt setzt, können wir die Abhängigkeit von Fertigprodukten hinter uns lassen. Industrielle Produkte, voll von **Fabrikzucker, minderwertigen Fetten und Konservierungsstoffen**, belasten unseren Körper und rauben uns die Energie, die wir für ein gesundes und aktives Leben brauchen.

Mit **natürlichen, frischen Zutaten** und selbst zubereiteten Mahlzeiten übernehmen wir die Kontrolle über unsere Ernährung. Frische Gemüse, Kräuter, Nüsse und Vollkornprodukte versorgen uns mit wertvollen **Vitaminen, Mineralstoffen und Antioxidantien**, die unsere Gesundheit fördern und unsere Lebensqualität steigern. Selbstgekochte Gerichte machen nicht nur Spaß, sondern lassen uns **bewusst genießen** und die Aromen und Vorteile jeder Zutat neu entdecken. So stärken wir unseren Körper und setzen gleichzeitig ein Statement für einen nachhaltigen und gesunden Lebensstil.

Dieses Kochbuch lädt dich ein, die wunderbare Welt der vegetarischen Vollwertküche zu erkunden. Die Rezepte sind **abwechslungsreich, leicht zuzubereiten und voller gesunder, natürlicher Zutaten** wie saisonalem Gemüse, hochwertigen pflanzlichen Fetten und nährstoffreichen Getreiden. Sie bieten dir die ideale Balance aus **Genuss, Gesundheit und Energie**. Ob cremige Aufläufe, herzhafte Eintöpfe oder frische Salate – jedes Gericht liefert dir die Kraft, die du für deinen Alltag brauchst, ohne dich zu belasten.

Diese vitalstoffreichen, alltagstauglichen Gerichte sind perfekt, um dich und deine Familie mit allem zu versorgen, was für mehr **Energie, Konzentration und Wohlbefinden** notwendig ist. Dieses Buch wird dein Begleiter für eine genussvolle und gesunde Ernährung – **nachhaltig, vegetarisch und voller Geschmack**!

Zutaten

Eier

Wähle Bio-Eier aus artgerechter Freilandhaltung und ohne Kükentöten. Idealerweise von lokalen Bauern. In den Rezepten verwenden wir Größe M.

Essig & Öle

In der Vollwertküche verwenden wir hochwertige, kaltgepresste Öle in dunklen Flaschen, vorrangig Olivenöl. Dieses Öl eignet sich gut zum Erhitzen. Als Besonderheit findest du in den Rezepten hin und wieder auch Orangen-Olivenöl und Kürbiskernöl. Achte beim Kauf von Essig (Balsamico, Apfelessig) darauf, dass er keine Zusatzstoffe enthält.

Gemüse, Obst & Kräuter

Für alle Rezepte brauchst du frisches Gemüse und frische Kräuter, hin und wieder auch Obst. Wenn möglich, wähle Bio-Qualität (vor allem bei Ingwer- und Zitronenabrieb). Achte auch auf Regionalität und Saisonalität. Tausche ggf. Sorten nach Belieben aus. Wähle kein Gemüse/Obst aus der Konserve. Tiefkühlprodukte ohne weitere Zusatzstoffe sind durchaus in Ordnung.

Getreide & Co.

Wir nutzen in den Rezepten Vollkornprodukte, also Vollkornmehl (Dinkel), Vollkornbrot, Vollkornnudeln, Naturreis sowie Couscous, Hirse und Grünkern. Optimalerweise mahlst du das Mehl in einer Getreidemühle oder Küchenmaschine frisch. Experimentiere mit verschiedenen Sorten und tausche nach Belieben aus.

Gewürze

Du findest eine große Auswahl an verschiedenen Gewürz-Vorschlägen, etwa Paprikapulver, Chili, Salz, Pfeffer, Kurkuma, Safran, Curry, Zimt. Wähle die Gewürze am Besten in Bio-Qualität.

Du kannst die Gewürze natürlich ganz nach deinem Geschmack variieren und erweitern. Die Gemüsebrühe machst du am Besten selbst frisch. Im Notfall kannst du fertige Brühe verwenden. Achten dann unbedingt darauf, dass keine Zusatzstoffe wie Fabrikzucker enthalten sind.

Bei der Verwendung von Senf und Tomatenmark achte auch darauf, dass kein Fabrikzucker oder andere Zusatzstoffe enthalten sind.

Honig
Unser Hauptsüßungsmittel ist Honig, da er ein Naturprodukt ist. Am besten verwendest du Honig vom Imker oder Bio-Honig. Akazienhonig ist besonders geschmacksneutral und flüssiger Honig eignet sich gut zur Verarbeitung.

Kichererbsen & Linsen
Kichererbsen und Linsen sind in der vegetarischen Ernährung wichtige Proteinlieferanten. Sie sind sehr schmackhaft. Verwende getrocknete Kichererbsen und weiche sie über Nacht ein. Die Linsen wählst du ebenfalls in getrockneter Form. Verzichte auf Konserven.

Milchprodukte
In der Vollwertkost gilt das Motto: Je fettreicher, desto besser! Deshalb findest du viele Rezepte mit Sahne, Butter, Schmand, und Crème fraîche und nur selten Buttermilch, Quark und Joghurt. Wir wählen immer die Natur- und Vollfettvariante. Achte auch hier am besten auf Bioqualität. Besonders bei süßer Sahne solltest du darauf achten, dass sie keine Zusatzstoffe (Carrageen) enthält.

Anstelle von Milch findest du in den Rezepten eine Mischung von Sahne und Wasser im Verhältnis 50:50 verdünnt.

Beim Käse wählst du ebenfalls die Vollfettvariante. Am besten reibst du den Käse frisch selber. Solltest du auf fertig geriebenen Käse ausweichen, achte darauf, dass keine Zusatzstoffe wie z.B. Trennmittel enthalten sind.

Nüsse / Nussmus

Optimalerweise verwendest du frische, ganze Nüsse. Falls es einmal schnell gehen muss, kannst du auch Nüsse aus der Backabteilung verwenden, z.B. für Blättchen, Stifte oder gehackte Nüsse. In einigen Rezepten wird Nussmus benötigt. Dabei handelt es sich um pürierte Nüsse ohne zusätzliche Zutaten. Du kannst es fertig im Glas kaufen.

Trockenfrüchte

Du findest in einigen Rezepten Trockenfrüchte wie z.B. Rosinen und Aprikose. Besonders schmackhaft sind die Soft-Varianten. Achte darauf, dass sie ungeschwefelt und ungesüßt sind. Natürlich kannst du auch hier nach Belieben austauschen.

Zusätzliche Zutaten

Zum schnelleren Backen verwenden wir Natron und Backpulver. Wähle Weinstein Backpulver, da dieses keine weiteren Zusatzstoffe enthält.

Zusatzstoffe

Schau dir beim Einkauf die Zutatenliste auf der Rückseite an. Wähle nur Produkte aus, die keine Zusatzstoffe enthalten.

"Zum Schluss Kommentar"

Lies immer erst das Rezept sorgfältig durch und überprüfe, ob du alle Zutaten da hast. Trau dich! Verändere die Rezepte ganz nach deinem Geschmack. Du wirst erstaunt sein. Hab Spaß bei der Zubereitung! Denk auch daran: das Auge isst mit.

Praktische Anleitung

Abkürzungen

EL = Esslöffel
g = Gramm
geh. = gehäuft
ml = Milliliter
Msp. = Messerspitze (Spitze eines kleinen Messers)
Prise = Menge, die man zwischen Daumen und Zeigefinger halten kann
TL = Teelöffel (ca. 10 g)

Anrichten

„Das Auge isst mit". Nimm dir Zeit, deine Speise schön anzurichten. So macht Genießen doppelt Spaß.

Auf Vorrat & Resteverwertung

Koche die Rezepte in ausreichender Menge. So hast du für den nächsten Tag dein Essen schon fertig. Erhitze die Gerichte beim 2. Mal im Backofen, Topf oder einer Pfanne. Vermeide die Mikrowelle. Die meisten Gerichte lassen sich auch gut einfrieren. Umgekehrt kannst du die Mengen auch ganz einfach für 2 Personen halbieren. Reste kannst du wunderbar zur Herstellung von Gemüsebrühe verwenden oder auch für einen Salat oder eine schnelle Gemüsepfanne.

Ausprobieren & Spaß haben

Es wird Gerichte geben, bei denen du zweifelst, ob sie schmecken werden. Ich rate dir: probiere es unbedingt aus. Du wirst erstaunt sein, welche tollen Genussmomente du entdecken wirst. Finde einfach mit der Zeit heraus, welches deine Lieblingsrezepte sind.

Wenn du die vollwertige, natürliche Ernährung nicht gewöhnt bist, gib deinen Geschmacksnerven Zeit, sich umzustellen und an die frischen Zutaten zu gewöhnen.

Austauschen

Nimm alle Rezepte als Inspiration. Du kannst ganz nach Belieben die Zutaten austauschen. Experimentiere mit dem Gemüse, Getreide, Gewürzen und Milchprodukten. Freu dich auf neue Geschmackserlebnisse und kreiere dir deine Lieblingsrezepte.

Backen

Die Angaben im Backofen beziehen sich auf einen normalen Haushaltsbackofen. Gemeint ist immer Ober-/Unterhitze. Wenn nichts anderes angegeben ist, wird auf der mittleren Schiene gebacken.

Einkaufsquellen

Die meisten der genannten Zutaten bekommst du im Supermarkt. Die "exotischen" Lebensmittel findest du im Bio-Laden, beim Bauern oder auch online.

Equipment

Du brauchst kein besonderes Equipment. Neben Topf, Pfanne und Rührschüssel hilft dir ein Pürierstab und Hochleistungs-Mixer. Für die Backwaren empfehle ich dir unbedingt eine Getreidemühle und einen Flocker. Wenn du langfristig die Vollwerternährung umsetzen möchtest, ist das eine wirklich gute Investition.

Kalorienangaben

In der vitalstoffreichen Vollwertkost steht die Qualität (Vitalstoffgehalt) im Vordergrund, die Quantität (Kalorien) ist zweitrangig. Einige Gerichte haben auf den 1. Blick viele Kalorien (u.a. durch die Verwendung von Vollfettprodukten). Dennoch sind sie reich an Vitalstoffen und damit bestens verwertbar von deinem Körper. Trau dich!

Mengenangaben

Die angegebenen Mengen sind ca.-Werte. Je nach Portionsgröße, Gefäß oder Appetit der Mitesser. Bei einigen Gewürzen stehen keine Mengenangaben dabei. Dosiere hier ganz einfach nach deinem persönlichem Geschmack. Probiere immer wieder neue Kreationen aus.

Unverträglichkeiten

Je nachdem wie empfindlich dein Magen ist, können verschiedene Lebensmittel zu Unverträglichkeiten (z.B. Blähungen) beitragen. Experimentiere daher behutsam mit Kohlgemüse, Hülsenfrüchten, Honig und Trockenfrüchten. Auch können Vollwertkost-Neulinge eine Veränderung beim Stuhlgang bemerken. Die Umstellung der Darmflora braucht ca. 4-5 Wochen. Vermeide so gut du kannst industrielle Nahrungsmittel wie Weißmehl, Fabrikzucker und andere künstliche Zusatzstoffe.

Vorbereitung

Bevor du loslegst, nimm dir Zeit, alles vorzubereiten. Stelle deine Zutaten und dein Equipment parat. Wiege schon alles ab und schneide das Gemüse zurecht. Das erleichtert dir die Zubereitung immens.

Vorsichtig würzen

Sei eher sparsam mit deinen Gewürzen. Die angegebenen Mengen passen sehr gut, dennoch hat jeder seinen eigenen Geschmack. Es ist leichter zum Schluss noch nachzuwürzen also umgekehrt.

Warm halten

In einigen Rezepten gibt es mehrere Zubereitungsphasen. Dann ist es wichtig, dass du fertige Speisen warm hältst. Dafür eignet sich der Backofen gut. Ebenso kannst du den Topf abdecken und ggf. noch auf einer leicht warmen Herdplatte stehen lassen.

1 Liter | 60 Minuten

ca. 30-40 kcal pro 1 Liter

Gemüsebrühe

ZUTATEN

2 Möhren
1 Stange Lauch, Ringe
2 Stangen Sellerie
1 Zwiebel, halbiert
1 Knoblauchzehe
1 Bund frische Petersilie
2 Lorbeerblätter
5–6 schwarze Pfefferkörner
1–2 Nelken
1 TL Salz
2 EL Olivenöl
1 Liter kaltes Wasser

ZUBEREITUNG

- Das Gemüse grob schneiden – es muss nicht fein gewürfelt werden, da es später abgesiebt wird.
- In einem großen Topf die Butter oder das Olivenöl erhitzen. Zwiebel (mit der Schnittseite nach unten), Knoblauch und das restliche Gemüse kurz anrösten, bis leichte Röstspuren entstehen.
- Die Pfefferkörner, Lorbeerblätter, Petersilie und Nelken hinzufügen. Mit 1 Liter kaltem Wasser aufgießen. Das Salz hinzufügen.
- Die Brühe bei niedriger bis mittlerer Hitze etwa 45–60 Minuten köcheln lassen. Gelegentlich abschäumen, falls sich Schaum bildet.
- Die Brühe durch ein feines Sieb abgießen, um die festen Bestandteile zu entfernen.
- Abkühlen lassen und in saubere Gläser oder Behälter füllen. Im Kühlschrank hält sie sich ca. 4–5 Tage, eingefroren bis zu 3 Monate.

TIPP

- Gib einen kleinen Schuss Apfel- oder Orangensaft in die Suppe, um die natürliche Süße der Roten Bete hervorzuheben.
- Aus den Gemüseresten kannst du Bratlinge zaubern. Schau dir dazu mein Rezept an.

4 Portionen 40 Minuten

ca. 1.545 kcal / 386 kcal p.P.

Auberginensuppe

ZUTATEN

2 mittelgroße Auberginen, Würfel
1 Zwiebel, gehackt
2 Knoblauchzehen, gehackt
1 Stück Ingwer, gerieben
4 EL Olivenöl
+ 1 EL Olivenöl
1 TL Paprikapulver
750 ml Gemüsebrühe
150 ml Sahne
3 EL Schmand
3 EL Erdnussmus
Saft von ½ Zitrone
Salz und Pfeffer
50 g frische Erdnüsse, grob gehackt und geröstet
1 Handvoll frische Petersilie, fein gehackt

ZUBEREITUNG

- 4 EL Olivenöl in einem großen Topf erhitzen. Die Auberginenwürfel hinzufügen und bei mittlerer Hitze ca. 5–7 Minuten anbraten, bis sie weich und leicht gebräunt sind. Herausnehmen und beiseite stellen.
- Im selben Topf mit 1 EL Öl die Zwiebel, Knoblauch und den geriebenen Ingwer anbraten, bis sie weich und duftend sind (ca. 3 Minuten). Paprikapulver hinzufügen und kurz mitrösten, um die Aromen zu entfalten.
- Die angebratenen Auberginen zurück in den Topf geben. Mit der Gemüsebrühe aufgießen und die Sahne einrühren. Zum Kochen bringen und dann die Hitze reduzieren. Mit Zitronensaft, Salz und Pfeffer abschmecken.
- Die Erdnussbutter unterrühren, bis sie sich vollständig aufgelöst hat. Die Suppe ca. 15 Minuten köcheln lassen, damit sich die Aromen verbinden.
- Die Suppe mit einem Pürierstab glatt pürieren. Falls die Konsistenz zu dick ist, etwas Wasser oder Gemüsebrühe hinzufügen.
- Den Schmand und die gehackte Petersilie in die Suppe einrühren. Gut vermengen, um die Aromen der Petersilie in die Suppe zu integrieren.
- Die grob gehackten, gerösteten frischen Erdnüsse in die Suppe geben, damit sie eine leichte Knusprigkeit bekommen.
- Die Suppe in Schalen füllen und nach Belieben mit gerösteten Erdnüssen, Petersilienblättern und Chiliflocken garnieren.

4 Portionen 30 Minuten
ca. 1.270 kcal / 317 kcal p.P.

ZUTATEN

500 g TK-Erbsen
1 große Zwiebel, gehackt
2 Knoblauchzehen, gehackt
1 Stange Lauch, Ringe
2 mittelgroße Kartoffeln, Würfel
2 EL Olivenöl
1 Liter Gemüsebrühe
150-200 g Schmand
1 TL Paprikapulver
1 TL getrockneter Thymian
Salz und Pfeffer
1 Spritzer Zitronensaft
Frische Minze

2 EL geröstete Sonnenblumenkerne
1 EL Kürbiskernöl

Erbsensuppe

ZUBEREITUNG

- In einem großen Topf das Olivenöl erhitzen. Zwiebeln und Knoblauch glasig anbraten.
- Lauch und Kartoffeln hinzufügen und 2–3 Minuten mitdünsten.
- Die Erbsen in den Topf geben. Mit Paprikapulver, Thymian, Salz und Pfeffer würzen.
- Die Gemüsebrühe dazugeben und alles bei mittlerer Hitze ca. 10 Minuten köcheln lassen, bis die Erbsen weich sind.
- Die Suppe mit einem Pürierstab glatt pürieren, bis sie cremig ist. Wenn du sie lieber stückig magst, kannst du auch nur die Hälfte pürieren.
- Den Schmand einrühren und noch einmal kurz aufkochen lassen. Mit einem Spritzer Zitronensaft abschmecken.
- Die Suppe in Schalen füllen. Mit frischer Minze garnieren.
- Mit gerösteten Sonnenblumenkernen bestreuen und einen kleinen Tropfen Kürbiskernöl darüber geben.

TIPP

Verfeinere die Suppe mit Croutons. Vollkornbrot in kleine Würfel schneiden, mit etwas Olivenöl, Salz und Paprikapulver mischen und in einer Pfanne goldbraun rösten.

4 Portionen 45 Minuten

ca. 1.656 kcal / 414 kcal p.P.

Kartoffel-Möhren-Stampf

ZUTATEN

900 g Kartoffeln, Würfel
400 g Möhren, Scheiben
1 Zwiebel, gewürfelt
2 Knoblauchzehen, gehackt
1-2 EL Olivenöl
700–800 ml Gemüsebrühe
100 g Lauch, Ringe
1 Lorbeerblatt
1 TL Paprikapulver
½ TL Kurkuma
1 TL Thymian, getrocknet
Salz und Pfeffer
100 ml Sahne

Für das Topping:
100 g Schmand
2 EL geröstete Sonnenblumenkerne
frische Petersilie, gehackt

ZUBEREITUNG

- Olivenöl in einem großen Topf erhitzen. Zwiebel und Knoblauch glasig anbraten.
- Möhren und Kartoffeln hinzufügen und 3–5 Minuten mitbraten.
- Gemüsebrühe angießen (zunächst 700 ml), Lorbeerblatt, Paprikapulver, Kurkuma und Thymian hinzufügen.
- Zum Kochen bringen, dann die Hitze reduzieren und 15–20 Minuten köcheln lassen, bis Kartoffeln und Möhren weich, aber bissfest sind.
- 1–2 Kellen des Eintopfs mit etwas Flüssigkeit herausnehmen und pürieren.
- Püriertes Gemüse zurück in den Topf geben, um die Konsistenz anzudicken.
- Lauch hinzufügen und weitere 5 Minuten köcheln lassen.
- Lorbeerblatt entfernen, Sahne einrühren und mit Salz und Pfeffer abschmecken.
- Eintopf in Schüsseln anrichten. Optional mit Schmand, gerösteten Sonnenblumenkernen und Petersilie garnieren.

TIPP

Wenn der Eintopf zu flüssig ist, lasse ihn ein paar Minuten ohne Deckel köcheln, damit überschüssige Flüssigkeit verdampfen kann.

4 Portionen 40 Minuten

ca. 1.134 kcal / 283 kcal p.P.

Linsen-Pasti-Eintopf

ZUTATEN - 1

200 g rote Linsen
300 g Pastinaken, Würfel
1 große Zwiebel, gewürfelt
2 Knoblauchzehen, gehackt
2 EL Olivenöl
400 g stückige Tomaten
500 ml Gemüsebrühe
1 Möhre, kleine Würfel

1 TL Kreuzkümmel
1/2 TL Paprikapulver
1/2 TL Kurkuma
1/4 TL Zimt
1/2 TL Chiliflocken
2 EL Zitronensaft, frisch
1 EL Balsamico-Essig
Salz und Pfeffer
1 Handvoll frische Petersilie, gehackt (zum Garnieren)

ZUBEREITUNG - 1

- Die Linsen ca. 10 Minuten in Wasser vorkochen und beiseite stellen.
- Das Olivenöl in einem großen Topf bei mittlerer Hitze erhitzen.
- Zwiebeln und Knoblauch darin glasig dünsten.
- Die Pastinaken und Möhre hinzufügen und ca. 5 Minuten anbraten, bis sie leicht Farbe bekommen.
- Kreuzkümmel, Paprikapulver, Kurkuma, Zimt und Chiliflocken oder frische Chili hinzufügen und kurz mitbraten, bis die Gewürze duften.
- Die stückigen Tomaten und die Gemüsebrühe hinzufügen und zum Kochen bringen.
- Die Linsen einrühren und den Eintopf bei mittlerer Hitze ca. 20–25 Minuten köcheln lassen, bis die Linsen und das Gemüse weich sind.
- Zitronensaft und Balsamico-Essig hinzufügen und gut umrühren.
- Mit Salz und Pfeffer abschmecken.

TIPP

Gib einen Teelöffel geräuchertes Paprikapulver oder ein Stück geräuchertes Tofu hinzu, um dem Eintopf eine rauchige Tiefe zu verleihen.

ZUTATEN - 2

<u>Für die Vollkorn-Croutons:</u>
2 Scheiben Vollkornbrot
1 EL Olivenöl
1/2 TL Paprikapulver
1 Prise Salz

ZUBEREITUNG - 2

- Die Vollkornbrotscheiben in kleine Würfel schneiden.
- In einer Pfanne das Olivenöl erhitzen.
- Die Brotwürfel in die Pfanne geben und mit Paprikapulver und Salz bestreuen.
- Die Croutons ca. 5 Minuten unter gelegentlichem Wenden knusprig rösten.
- Den heißen Eintopf in Schalen oder tiefen Tellern anrichten.
- Mit den knusprigen Vollkorn-Croutons bestreuen.
- Mit frisch gehackter Petersilie garnieren.

TIPP

Füge geröstete Nüsse oder Samen wie Sonnenblumenkerne, Kürbiskerne oder gehackte Mandeln als Topping hinzu. Sie verleihen dem Gericht einen zusätzlichen Crunch und eine nussige Note, die wunderbar mit den Gewürzen harmoniert.

4 Portionen 40 Minuten

ca. 2.030 kcal / 503 kcal p.P.

Linsensuppe im Brötchen

ZUTATEN

250 g Dinkelvollkornmehl
1 TL Backpulver
½ TL Natron
1 TL Salz
1 TL Honig
100 ml Sahne-Wasser
50 g Vollfettquark
2 Eier
2 EL Olivenöl
2 EL Schmand
Olivenöl

150 g rote Linsen
1 Zwiebel, gehackt
2 kleine Möhren, Würfel
1 Stange Staudensellerie
600 ml Gemüsebrühe
2 EL Tomatenmark
2 TL Paprikapulver
1 TL Kurkuma
1 TL Honig
2 Knoblauchzehen, gehackt
2 EL Olivenöl
Salz und Pfeffer
2 EL Olivenöl
Salz und Paprikapulver

ZUBEREITUNG

- Mehl, Backpulver, Natron und Salz in einer Schüssel mischen. Honig, Sahne-Wasser-Mischung, Quark, Ei, Olivenöl und Schmand hinzufügen. Alles zu einem geschmeidigen Teig verkneten.
- Den Teig in 2 gleich große Portionen teilen, zu runden, hohen Brötchen formen und auf ein mit Backpapier ausgelegtes Blech legen.
- Im vorgeheizten Ofen bei 200 °C (Ober-/Unterhitze) ca. 20–25 Minuten backen, bis die Brötchen goldbraun sind.
- Die Brötchen auskühlen lassen, oben mit einem kleinen scharfen Messer einen Deckel abschneiden und das Innere vorsichtig aushöhlen. Die Innenflächen mit Olivenöl bestreichen und die Brötchen für weitere 5 Minuten im Ofen backen.

- Olivenöl in einem Topf erhitzen. Zwiebel, Knoblauch, Möhren und Staudensellerie darin ca. 3–5 Minuten anbraten, bis sie weich sind.
- Die roten Linsen hinzufügen. Tomatenmark, Paprikapulver und Kurkuma einrühren. Kurz anbraten. Die Gemüsebrühe angießen und die Suppe ca. 15 Minuten köcheln lassen, bis die Linsen weich sind.
- Honig einrühren und mit Salz und Pfeffer abschmecken.
- Das ausgehöhlte Brotinnere in kleine Kugel formen. In einer Pfanne mit Olivenöl anrösten, bis die Croutons goldbraun sind. Mit Salz und Paprikapulver würzen.
- Die heiße Linsensuppe in die vorbereiteten Brötchen füllen.
- Mit den gerösteten Croutons und einem Spritzer Olivenöl oder frischen Kräutern garnieren.

4 Portionen 40 Minuten

ca. 875 kcal / 220 kcal p.P.

ZUTATEN

500 g frische Rote Bete
1 Zwiebel, gewürfelt
1 kleine Möhre, gewürfelt
1 Stange Sellerie, gewürfelt
2 EL Olivenöl
1-2 TL Apfelessig
750 ml Gemüsebrühe
100 g Schmand
1 EL frischer Ingwer, fein gerieben
Salz und Pfeffer
1 TL Thymian (frisch oder getrocknet)
1 TL Paprikapulver
2 EL Haselnüsse, grob gehackt
Petersilie zum Garnieren

Rote-Bete-Suppe

ZUBEREITUNG

- Die frische Rote Bete mit Schale waschen und in kleine Würfel schneiden.
- Erhitze das Olivenöl in einem großen Topf. Gib die gewürfelte Zwiebel, Möhre und Sellerie hinein und brate sie bei mittlerer Hitze für etwa 5 Minuten an, bis sie leicht weich werden und duften.
- Gib die gewürfelte Rote Bete und den frisch geriebenen Ingwer in den Topf. Gieße die Gemüsebrühe dazu und bringe die Mischung zum Kochen. Reduziere die Hitze und lasse alles ca. 25-30 Minuten köcheln, bis die Rote Bete weich ist.
- Nimm dann den Topf vom Herd. Püriere die Suppe, bis sie schön cremig und glatt ist.
- Gib Apfelessig, Schmand, Paprikapulver, Thymian, Salz und Pfeffer hinzu. Rühre gut um und schmecke die Suppe nach Belieben ab.
- In einer kleinen Pfanne ohne Fett röste die gehackten Haselnüsse bei mittlerer Hitze für etwa 3-5 Minuten an, bis sie duften und leicht goldbraun sind. Achte darauf, dass sie nicht verbrennen.
- Verteile die fertige Suppe in Schalen und garniere sie mit den gerösteten Haselnüssen.
- Optional kannst du noch einen Spritzer Schmand und frische Kräuter als Garnitur hinzufügen.

TIPP

Gib einen kleinen Schuss Apfel- oder Orangensaft in die Suppe, um die natürliche Süße der Roten Bete hervorzuheben.

4 Portionen 50 Minuten

Ca. 960 kcal / 240 kcal p.P.

Rotkohl-Chinakohl-Suppe

ZUTATEN

300 g Rotkohl, geschnitten
300 g Chinakohl, Streifen
2 Kartoffeln, Würfel
1 Möhre, Scheiben
1 rote Zwiebel, gewürfelt
1 Knoblauchzehe, gehackt
1 Apfel, Würfel
1 Apfel, Scheiben
1 EL Olivenöl
1 EL Butter
1/2 TL Honig
1 TL Honig
1,2 l Gemüsebrühe
50 ml Sahne
50 ml Wasser
1 EL Apfelessig
1 TL Paprikapulver
½ TL Zimt
Salz und Pfeffer
3 EL Kürbiskerne, geröstet
2 EL Kürbiskernöl
frische Petersilie

ZUBEREITUNG

- Die Apfelscheiben in einer Pfanne bei mittlerer Hitze ohne Fett leicht anrösten. Einen halben Teelöffel Honig und eine Prise Zimt über die Apfelscheiben geben und bei niedriger Hitze wenden, bis sie goldbraun und leicht knusprig sind. Beiseitestellen.
- Olivenöl und Butter in einem großen Topf erhitzen. Zwiebel und Knoblauch glasig dünsten.
- Rotkohl, Möhre und Kartoffeln hinzufügen und ca. 5 Minuten anbraten. Apfelwürfel und 1 TL Honig dazugeben und kurz karamellisieren lassen.
- Mit Gemüsebrühe aufgießen und die Suppe zum Kochen bringen.
- Paprikapulver und Zimt einrühren.
- Die Suppe bei mittlerer Hitze ca. 15 Minuten köcheln lassen, bis das Gemüse weich ist.
- In den letzten 5 Minuten der Kochzeit den Chinakohl unterrühren.
- Sahne einrühren und die Suppe mit Apfelessig, Salz und Pfeffer abschmecken.
- Die Suppe leicht pürieren, sodass sie noch stückig bleibt.
- Kürbiskerne in einer Pfanne ohne Fett rösten, bis sie leicht duften.
- Die Suppe in Schalen füllen, mit gerösteten Kürbiskernen bestreuen und einen Spritzer Kürbiskernöl darüber geben.
- Die Apfelchips als Garnitur auf die Suppe legen.
- Nach Wunsch mit frischen Kräutern wie Petersilie oder Schnittlauch garnieren.

Süßkartoffel-Süppchen

4 Portionen 40 Minuten

ca. 1.280 kcal / 320 kcal p.P.

ZUTATEN

500 g Süßkartoffeln, Würfel
1 Möhre, Scheiben
1 Zwiebel, gewürfelt
1 Knoblauchzehe, gehackt
1 EL Butter
500 ml Gemüsebrühe
200 ml Schmand
2 EL Honig
1 TL Ingwer, gerieben
1 TL Currypulver
1 Prise Muskatnuss
Salz und Pfeffer
frische Petersilie zum Garnieren

ZUBEREITUNG

- In einem großen Topf die Butter schmelzen.
- Zwiebel und Knoblauch darin glasig dünsten.
- Süßkartoffeln und Möhre hinzufügen und kurz anbraten, damit sie Röstaromen entwickeln.
- Den geriebenen Ingwer, Currypulver und eine Prise Muskatnuss hinzufügen und kurz mit anrösten, bis die Gewürze duften.
- Mit der Gemüsebrühe ablöschen, aufkochen lassen und dann die Hitze reduzieren.
- Die Suppe bei mittlerer Hitze etwa 15–20 Minuten köcheln lassen, bis die Süßkartoffeln und Möhre weich sind.
- Die Suppe mit fein pürieren, bis sie cremig ist. Wenn die Konsistenz zu dick ist, einfach ein wenig Wasser oder Brühe hinzufügen.
- Den Schmand und den Honig einrühren. Mit Salz und Pfeffer abschmecken.
- Die Suppe in Schalen füllen und mit frischer Petersilie garnieren.

TIPP

Füge ein paar geröstete Süßkartoffelwürfel als Topping hinzu oder garniere die Suppe mit gerösteten Kürbiskernen.

4 Portionen 30 Minuten

ca. 2.100 kcal / 525 kcal p.P.

Käse-Sahne-Pasta

ZUTATEN

300 g Vollkornpenne

200 ml Sahne
200 ml Wasser
150 g geriebener Käse
100 g Schmand
1 Zwiebel, gewürfelt
2 Knoblauchzehen, gehackt
250 g Champignons, dünne Scheiben

2 EL Olivenöl
1 EL Butter
2 EL Sonnenblumenkerne
1/2 TL Paprikapulver
Salz und Pfeffer
1 EL Zitronensaft
2 EL frische Kräuter

ZUBEREITUNG

- Die Vollkornpenne in reichlich Salzwasser al dente kochen. Nudelwasser aufheben und die Nudeln warm halten.
- Die Sonnenblumenkerne in einer trockenen Pfanne bei mittlerer Hitze rösten, bis sie leicht goldbraun sind. Beiseitestellen.
- In derselben Pfanne Olivenöl erhitzen.
- Die Champignons bei mittlerer bis hoher Hitze 5–7 Minuten anbraten, bis sie leicht gebräunt sind. Mit einer Prise Salz und Pfeffer würzen und zur Seite stellen.
- Butter in einer großen Pfanne schmelzen. Zwiebeln und Knoblauch darin glasig anschwitzen.
- Paprikapulver hinzufügen und kurz mitrösten, um das Aroma zu entfalten.
- Sahne und Wasser angießen und unter Rühren aufkochen lassen.
- Den geriebenen Käse nach und nach einrühren, bis er geschmolzen ist und die Sauce cremig wird. Noch 2–3 EL Nudelwasser unterrühren.
- Schmand hinzufügen und gut verrühren. Mit Zitronensaft, Salz und Pfeffer abschmecken.
- Die gekochten Vollkornpenne in die Pfanne mit der Käse-Sahne-Sauce geben.
- Die angebratenen Champignons unterheben. Falls die Sauce zu dick ist, etwas vom aufgehobenen Nudelwasser hinzufügen.
- Die Käse-Sahne-Nudeln auf Teller verteilen. Mit den gerösteten Sonnenblumenkernen bestreuen und mit frischen Kräutern garnieren.
- Nach Belieben mit zusätzlichem geriebenem Käse servieren.

4 Portionen 70 Minuten

ca. 3.389 kcal / 847 kcal p.P.

Lasagne

ZUTATEN - 1

Für die Tomatensauce:
800 g Tomaten, Würfel
2 EL Olivenöl
1 Zwiebel, gewürfelt
2 Knoblauchzehen, gehackt
1 TL Honig
1 TL Paprikapulver
1 TL getrockneter Oregano
1 Handvoll Basilikum
Saft von ½ Zitrone
Salz und Pfeffer

ZUBEREITUNG - 1

- Das Olivenöl in einem großen Topf erhitzen.
- Die Zwiebel und den Knoblauch darin glasig dünsten.
- Die frischen Tomaten und den Honig hinzufügen, mit Paprikapulver, Oregano, Salz und Pfeffer würzen.
- Die Sauce 20 Minuten bei niedriger Hitze köcheln lassen, bis die Tomaten weich sind und eine sämige Sauce entsteht.
- Den Zitronensaft und das Basilikum unterrühren. Die Sauce pürieren und beiseite stellen.
- In einer großen Pfanne Olivenöl erhitzen.
- Zucchini, Paprika und Möhre darin anbraten, bis sie weich sind.
- Mit Salz und Pfeffer abschmecken und die gerösteten Pinienkerne unterheben. Beiseite stellen.

ZUTATEN - 2

Für die Gemüsefüllung:
1 Zucchini, Würfel
1 Paprika, Würfel
1 Möhre, Würfel
2 EL Olivenöl
2 EL Pinienkerne, geröstet
Salz und Pfeffer

Für die Bechamelsauce:
250 ml Sahne
250 ml Wasser
40 g Butter
40 g Vollkornmehl
1 Prise Muskatnuss
Salz und Pfeffer

Weitere Zutaten:
250 g Vollkorn-Lasagneplatten
250 g Mozzarella, Scheiben
50 g geriebener Käse

ZUBEREITUNG - 2

- Für die Beachamelsauce die Butter in einem Topf schmelzen, das Vollkornmehl einrühren und 1–2 Minuten anschwitzen.
- Nach und nach das Sahne-Wasser-Gemisch unter ständigem Rühren hinzufügen, bis eine glatte Sauce entsteht.
- Mit Muskatnuss, Salz und Pfeffer abschmecken und kurz aufkochen lassen. Beiseite stellen.
- Eine Auflaufform einfetten und mit einer dünnen Schicht Tomatensauce beginnen.
- Eine Schicht Vollkorn-Lasagneplatten darauflegen.
- Dann eine Schicht Gemüsefüllung, Tomatensauce und Bechamelsauce daraufgeben.
- Mit Mozzarella-Scheiben bedecken.
- Die Schichten wiederholen, bis alle Zutaten aufgebraucht sind. Die letzte Schicht sollte Bechamelsauce und Mozzarella sein.
- Den geriebenen Käse großzügig darüberstreuen.
- Die Lasagne im vorgeheizten Ofen bei 180 °C (Ober-/Unterhitze) ca. 35–40 Minuten backen, bis die Oberfläche goldbraun ist.

TIPP

Füge der Tomatensauce einen Hauch Chili oder geräuchertes Paprikapulver hinzu, um eine leicht pikante und rauchige Note zu erhalten.

4 Portionen 30 Minuten

ca. 1.950 kcal / 490 kcal p.P.

Nudelsalat

ZUTATEN

300 g Vollkorn-Penne
150 g Schafskäse, Würfel
1 rote Paprika, Würfel
1 Gurke, Würfel
150 g Kirschtomaten
80 g Rucola
50 g Oliven
2 Frühlingszwiebeln, Ringe
100 g Granatapfelkerne
2 EL frische Petersilie
1 EL frische Minzblätter
50 g geröstete Sonnenblumenkerne

Für das Dressing:
3 EL Olivenöl
2 EL Zitronensaft
1 TL Honig
1 TL Senf (mittelscharf)
1 Prise Chiliflocken
Salz und Pfeffer

ZUBEREITUNG

- Die Vollkorn-Penne in reichlich Salzwasser al dente kochen.
- Abgießen, unter kaltem Wasser abschrecken und gut abtropfen lassen.
- Paprika, Gurke, Kirschtomaten und Frühlingszwiebeln wie angegeben schneiden. Granatapfelkerne auslösen.
- Petersilie und Minze fein hacken.
- Olivenöl, Zitronensaft, Honig und Senf in einer Schüssel gut verrühren.
- Chiliflocken hinzufügen und mit Salz und Pfeffer abschmecken.
- Die gekochten und abgekühlten Penne in eine große Schüssel geben.
- Paprika, Gurke, Kirschtomaten, Oliven und die Frühlingszwiebeln hinzufügen.
- Das Dressing über den Salat geben und alles gut vermengen.
- Granatapfelkerne, Rucola, geröstete Sonnenblumenkerne, den Schafskäse und die gehackten Kräuter vorsichtig unterheben.
- Den Salat vor dem Servieren ca. 15 Minuten ziehen lassen, damit sich die Aromen entfalten.
- Mit ein paar zusätzlichen Granatapfelkernen und einem Hauch frischer Minze garnieren.

TIPP

Röste zusätzlich ein paar Brotwürfel in Olivenöl, Knoblauch und Kräutern, um sie als knusprige Croutons über den Salat zu streuen.

4 Portionen 40 Minuten

ca. 2.925 kcal / 731 kcal p.P.

Spaghetti Bolognese

ZUTATEN

400 g Vollkorn-Spaghetti

150 g Grünkern
2 EL Olivenöl
1 Zwiebel, gewürfelt
2 Knoblauchzehen, gehackt
2 Möhren, Würfel
1 Aubergine, Würfel
2 rote Paprika, Würfel
600 g Tomaten, gehackt
2 EL Tomatenmark
1 TL Paprikapulver
1 TL getrockneter Oregano
1 Lorbeerblatt
2 EL Balsamico-Essig
2 EL frischer Basilikum
Salz und Pfeffer
30 g geriebener Parmesan (plus extra zum Servieren)
30 g Pinienkerne, geröstet

ZUBEREITUNG

- Falls der Grünkern ganz ist, ihn in einem Topf mit leicht gesalzenem Wasser ca. 20 Min. weich kochen, dann abgießen. Falls geschroteter Grünkern verwendet wird, diesen direkt in der Sauce garen.
- Einen großen Topf mit Salzwasser zum Kochen bringen. Die Spaghetti al dente kochen. Abgießen, etwas Nudelwasser auffangen und die Nudeln warm halten.
- Olivenöl in einer großen Pfanne oder einem Topf erhitzen. Zwiebeln und Knoblauch darin glasig dünsten.
- Möhren, Paprika und Auberginen hinzufügen und bei mittlerer Hitze ca. 7–10 Minuten anbraten, bis sie weich werden und leicht bräunen.
- Tomatenmark zum Gemüse geben und kurz anrösten. Den vorgekochten Grünkern (oder geschroteten Grünkern) hinzufügen.
- Die gehackten frischen Tomaten, Paprikapulver, Oregano und das Lorbeerblatt hinzufügen. Mit mind. 3 EL Nudelwasser (oder mehr) aufgießen und die Sauce bei niedriger bis mittlerer Hitze ca. 15–20 Minuten köcheln lassen, bis sie leicht eindickt. Lorbeerblatt entfernen.
- Kurz vor Ende der Garzeit den Balsamico-Essig einrühren. Mit Salz und Pfeffer abschmecken und den Parmesan unterrühren.
- Die Pinienkerne in einer trockenen Pfanne bei mittlerer Hitze rösten, bis sie leicht gebräunt und aromatisch sind (ca. 2–3 Minuten).
- Die Spaghetti auf Teller verteilen und die Grünkern-Bolognese darüber geben.
- Mit gerösteten Pinienkernen, frischem Basilikum und extra geriebenem Parmesan garnieren.

4 Portionen 35 Minuten

ca. 2.898 kcal / 725 kcal p.P.

Spaghetti Champignons

ZUTATEN

Für die Spaghetti und die Sauce:

400 g Vollkornspaghetti
400 g Champignons, Scheiben
1 Zwiebel, gewürfelt
2 Knoblauchzehen, gehackt
200 ml Sahne
200 ml Gemüsebrühe
2 EL Olivenöl
1 TL Paprikapulver
½ EL frischer Rosmarin
Salz und Pfeffer
Stich Butter

Für die knusprigen Brösel:

50 g Vollkornbrot, fein zerkrümelt oder gerieben
2 EL Olivenöl
1 Knoblauchzehe, gehackt
½ EL frischer Rosmarin
Salz und Pfeffer

ZUBEREITUNG

- Die Vollkornspaghetti in reichlich Salzwasser al dente kochen. Vor dem Abgießen etwas Nudelwasser aufbewahren.
- Das Olivenöl in einer großen Pfanne erhitzen. Die Zwiebel und den Knoblauch darin glasig anbraten.
- Die Champignons hinzufügen und bei mittlerer bis hoher Hitze braten, bis sie leicht gebräunt sind (ca. 5–7 Minuten). Mit Salz, Pfeffer und Paprikapulver würzen.
- Die Gemüsebrühe in die Pfanne gießen und kurz aufkochen lassen.
- Die Sahne hinzufügen und die Hitze reduzieren. Die Sauce bei schwacher Hitze 5–7 Min. köcheln lassen, bis sie leicht eingedickt ist.
- Den frischen Rosmarin unterrühren und abschmecken. 2 EL Nudelwasser hinzufügen, um die Sauce cremiger zu machen.
- In einer Pfanne das Olivenöl erhitzen.
- Die Vollkornbrotkrümel und den gehackten Knoblauch darin bei mittlerer Hitze anrösten, bis sie goldbraun und knusprig sind (ca. 5 Minuten).
- Den gehackten frischen Rosmarin einrühren und mit Salz und Pfeffer abschmecken. Beiseite stellen.
- Die gehackten Walnüsse in einer kleinen Pfanne ohne Fett leicht rösten, bis sie duften. Beiseite stellen.
- Die gekochten Spaghetti in die Champignon-Sahnesauce geben und gut vermengen. Kurz ziehen lassen, damit sich die Aromen verbinden.
- Die Spaghetti auf Teller verteilen und mit dem Knoblauch-Pangrattato und den gerösteten Walnüssen garnieren.

Spaghetti Pesto

4 Portionen 25 Minuten

ca. 2.414 kcal / 604 kcal p.P.

ZUTATEN

400 g Vollkornspaghetti

1 Bund frisches Basilikum
1 Bund frischer Schnittlauch
1 Handvoll frische Petersilie
2 EL Pinienkerne
50 g Parmesan, gerieben
2-3 getrocknete Tomaten, in Öl, abgetropft und in Streifen geschnitten
1 Handvoll frischer Rucola
2 Knoblauchzehen
60 ml Olivenöl
1 EL Zitronensaft, frisch
5-10 g Honig
Salz und Pfeffer

ZUBEREITUNG

- Koche die Vollkornspaghetti in reichlich Salzwasser al dente. Bewahre vor dem Abgießen etwas Nudelwasser auf.
- Gib Basilikum, Schnittlauch, Petersilie, geröstete Pinienkerne, Parmesan und Knoblauch in einen Hochleistungsmixer.
- Füge den Zitronensaft und das Olivenöl hinzu und püriere alles zu einer glatten Paste. Eventuell zum Schluss nochmal mit einem Pürierstab fein pürieren.
- Wenn das Pesto zu dick ist, kannst du etwas von dem aufbewahrten Nudelwasser hinzufügen, bis es die gewünschte Konsistenz erreicht.
- Schmecke das Pesto mit Honig, Salz und Pfeffer ab und passe die Menge von Zitronensaft und Olivenöl nach Belieben an.
- Gib die abgegossenen Spaghetti zurück in den Topf. Vermenge die Spaghetti gut mit dem Kräuterpesto.
- Füge nun den frischen Rucola und die getrockneten Tomaten hinzu und vermische alles sorgfältig.
- Falls das Pesto zu dick ist, füge noch etwas von dem Nudelwasser hinzu, um es etwas cremiger zu machen.
- Verteile die Spaghetti auf Tellern und garniere sie optional mit extra Parmesan und ein paar Pinienkernen.

TIPP

Röste die Pinienkerne in einer Pfanne ohne Fett kurz an.

4 Portionen 25 Minuten

ca. 2.171 kcal / 543 kcal p.P.

Spaghetti Röstpaprika

ZUTATEN

Für die Spaghetti und die Sauce:

400 g Vollkornspaghetti
3 rote Paprikas
2 Knoblauchzehen, gehackt
150 g Ricotta
1 EL Olivenöl
1 TL Paprikapulver
Salz und Pfeffer

Für die karamellisierten Zwiebeln:

2 große Zwiebeln, Ringe
1 EL Butter
1 TL Honig

Für das Spinat-Salbei-Topping:

2 Handvoll frischer Spinat
10 Stängel Thymian, gezupft
1 EL Olivenöl
Salz und Pfeffer

Pinienkerne oder Walnüsse

ZUBEREITUNG

- Die Vollkornspaghetti in reichlich Salzwasser al dente kochen. Vor dem Abgießen Nudelwasser aufbewahren.
- Die roten Paprikas halbieren, entkernen und mit der Hautseite nach oben auf ein Backblech legen. Im Ofen bei 220 °C (Grillfunktion) ca. 10–15 Minuten rösten, bis die Haut Blasen wirft und schwarz wird. Anschließend abgedeckt abkühlen lassen, dann die Haut abziehen.
- Die gerösteten Paprikas zusammen mit Ricotta, Olivenöl, Knoblauch, Paprikapulver, Salz und Pfeffer in einem Mixer pürieren, bis eine cremige Sauce entsteht. Falls die Sauce zu dick ist, etwas Nudelwasser hinzufügen. In einer Pfanne kurz erwärmen.
- Zwiebelringe in einer Pfanne mit Butter bei mittlerer Hitze ca. 10 Minuten goldbraun braten. Honig hinzufügen und 1–2 Minuten karamellisieren lassen. Beiseite stellen.
- Thymian in einer Pfanne mit Olivenöl kurz anbraten, bis er knusprig ist, und herausnehmen. Im selben Öl den frischen Spinat kurz anbraten, bis er zusammenfällt. Mit Salz und Pfeffer abschmecken.
- Die gekochten Spaghetti in die warme Röstpaprika-Ricotta-Sauce geben und gut vermengen. 2–3 EL Nudelwasser einrühren, um die Sauce geschmeidiger zu machen.
- Die Spaghetti auf Teller verteilen, die karamellisierten Zwiebeln darauf anrichten und mit Spinat und knusprigem Thymian garnieren.
- Optional mit gerösteten Pinienkernen oder Walnüssen bestreuen.

4 Portionen 30 Minuten
ca. 2.100 kcal / 525 kcal p.P.

Spaghetti Tomatensauce

ZUTATEN

400 g Vollkornspaghetti

600 g frische Tomaten, Würfel
2 EL Olivenöl
1 kleine Zwiebel, gewürfelt
2 Knoblauchzehen, gehackt
1 EL Tomatenmark
1 TL Honig
100 g Schmand
1 Bund frisches Basilikum, grob gehackt
1 TL getrockneter Thymian
1 TL Chilipulver
2 EL Pinienkerne, geröstet
Salz und Pfeffer
50 g Parmesan

ZUBEREITUNG

- Koche die Vollkornspaghetti in reichlich Salzwasser al dente. Bewahre vor dem Abgießen etwas Nudelwasser auf, um die Sauce später cremiger machen zu können.
- Erhitze Olivenöl in einer großen Pfanne. Brate die Zwiebel bei mittlerer Hitze 2–3 Minuten glasig an. Füge den Knoblauch hinzu und brate ihn 1–2 Minuten mit, bis er duftet.
- Gib das Tomatenmark in die Pfanne und röste es kurz an, um das Aroma zu intensivieren. Füge die frischen gewürfelten Tomaten hinzu und rühre gut um. Würze die Sauce mit Salz, Pfeffer und Honig. Lasse sie 10–15 Minuten köcheln, bis sie leicht eindickt.
- Reduziere die Hitze und rühre den Schmand in die Sauce ein, bis sie cremig wird. Füge nach Bedarf 3–5 Esslöffel Nudelwasser hinzu, um die gewünschte Konsistenz zu erreichen.
- Rühre getrockneten Thymian und Chilipulver in die Sauce und lasse sie für 2–3 Minuten ziehen, damit sich die Aromen entfalten.
- Röste die Pinienkerne in einer trockenen Pfanne bei mittlerer Hitze 2–3 Minuten goldbraun.
- Gib die Spaghetti in die Pfanne mit der Sauce, vermenge alles gut.
- Lasse die Spaghetti kurz ziehen, damit sie die Sauce gut aufnehmen. Rühre das frische Basilikum unter und lasse es 1–2 Minuten ziehen.
- Verteile die Spaghetti auf Teller und garniere sie mit den gerösteten Pinienkernen und geriebenem Parmesan.

4 Portionen 30 Minuten

ca. 1.920 kcal / 480 kcal p.P.

Spirelli mit Gemüse

ZUTATEN

300 g Vollkorn-Spirelli

300 g Brokkoliröschen
100 g frischer Blattspinat
1 kleine Tomate, gewürfelt
1 Stange Lauch, Ringe
1 Zwiebel, gewürfelt
2 Knoblauchzehen, gehackt
2 getrocknete Tomaten, klein gehackt

1-2 EL Olivenöl
150 ml Sahne
50 g geriebener Käse
1 TL Tomatenmark
1 TL Thymian, fein gehackt
1 TL Zitronenabrieb
1 TL Zitronensaft
Salz, Pfeffer
eine Prise Chili

Parmesan

ZUBEREITUNG

- Die Vollkorn-Spirelli in einem großen Topf mit Salzwasser al dente kochen.
- Vor dem Abgießen das Nudelwasser auffangen und beiseitestellen.
- Den Brokkoli in einem Topf mit leicht gesalzenem Wasser 2–3 Minuten blanchieren, sodass er bissfest bleibt. Abgießen und beiseitestellen.
- Das Olivenöl in einer großen Pfanne erhitzen.
- Die Zwiebel und den Knoblauch darin glasig anbraten.
- Lauch und die getrockneten Tomaten hinzufügen und 2–3 Minuten mitbraten.
- Das Tomatenmark hinzufügen und kurz mitrösten, um das Aroma zu intensivieren.
- Die gewürfelte Tomate und den blanchierten Brokkoli in die Pfanne geben.
- Mit Sahne ablöschen und 2–3 EL Nudelwasser einrühren, um die Sauce cremiger zu machen.
- Den Blattspinat unterheben, bis er zusammenfällt.
- Reibekäse einrühren, bis er geschmolzen ist und die Sauce eine cremige Konsistenz hat.
- Mit frischem Thymian, Zitronenabrieb, Zitronensaft, Salz, Pfeffer und einer Prise Chili abschmecken.
- Die gekochten Spirelli direkt in die Sauce geben und gut vermengen, sodass sie die Sauce aufnehmen.
- Eventuell etwas Nudelwasser hinzufügen, falls die Sauce zu dick ist.
- Die Pasta auf Teller verteilen und genießen! Auf Wunsch mit Parmesan.

Spirelli in Walnussbutter

4 Portionen 45 Minuten

ca. 2.872 kcal / 718 kcal p.P.

ZUTATEN

300 g Vollkorn-Spirelli

2 Möhren
1 kleine Zucchini
1 rote Paprika
1 rote Zwiebel, in Spalten
2 EL Olivenöl
100 ml süße Sahne
Salz, Pfeffer, Chili

100 g Walnüsse, gehackt
50 g Butter
2 große Zweige Rosmarin, im Mixer zerkleinert
1 Zitrone, Abrieb und Saft
2 EL Honig
2 EL geriebener Parmesan
frische Petersilie zum Garnieren

ZUBEREITUNG

- Backofen auf 200 °C (Ober-/Unterhitze) vorheizen.
- Das vorbereitete Gemüse klein schneiden, in einer Schüssel mit Olivenöl, Salz, Pfeffer und Chili vermengen. Auf einem Backblech verteilen und ca. 20–25 Minuten im Ofen rösten, dabei gelegentlich wenden.
- Während das Gemüse im Ofen ist, die Vollkorn-Spirelli in kochendem Salzwasser al dente kochen. Anschließend abgießen und etwas Nudelwasser abfangen.
- Butter in einer großen Pfanne bei mittlerer Hitze schmelzen.
- Walnüsse hinzufügen und ca. 2–3 Minuten rösten, bis sie duften.
- Rosmarin einrühren und kurz anbraten, damit sich sein Aroma entfaltet.
- Zitronenabrieb, Zitronensaft und Honig hinzufügen und alles gut umrühren, bis eine aromatische Sauce entsteht.
- Die gekochten Spirelli in die Walnuss-Rosmarin-Butter geben und umrühren, sodass sie gut mit der Sauce überzogen sind. 1–2 EL Nudelwasser für mehr Cremigkeit hinzufügen.
- Das fertig geröstete Ofengemüse mit den Nudeln vermischen.
- Zum Schluss 100 ml süße Sahne unterrühren.
- Nach Belieben mit Parmesan und Petersilie garnieren und servieren.

TIPP

Für den extra Crunch noch zusätzlich geröstete Kürbiskerne oder gehackte Mandeln hinzufügen.

4 Portionen 50 Minuten

ca. 2.539 kcal / 635 kcal p.P.

Fenchel und Wedges

ZUTATEN

Für das Fenchelgratin:

600 g Fenchelknollen
200 ml Sahne
100 ml Wasser
100 g Parmesan, gerieben
1 Knoblauchzehe, gehackt
1 TL Zitronenabrieb + Saft
½ TL Honig
1 TL Butter (für die Form)
Salz und Pfeffer
1 TL frischer Thymian

Für die Kartoffelecken:

600 g Kartoffeln (fest)
2 EL Olivenöl
1 TL Paprikapulver
1 TL getrockneter Thymian
Salz und Pfeffer

Für die Orangen:

1 Orange, Scheiben
2 EL Honig
50 g Walnüsse, gehackt
1 Prise Zimt

Zum Servieren:

50 g frischer Rucola
1 EL Orangen-Olivenöl

ZUBEREITUNG

- Kartoffeln waschen und mit Schale in Spalten schneiden.
- Olivenöl, Paprikapulver, Kräuter, Salz und Pfeffer vermengen.
- Auf ein Backblech legen und im vorgeheizten Backofen bei 200 °C (Ober-/Unterhitze) ca. 25–30 Minuten goldbraun und knusprig backen.
- Fenchel waschen, Knollen halbieren und in dünne Scheiben schneiden.
- Sahne und Wasser in einer Schüssel mit Knoblauch, Honig, Zitronenabrieb und Zitronensaft mischen.
- Mit Salz, Pfeffer und optional Thymian abschmecken.
- Eine Auflaufform mit Butter einfetten. Fenchelscheiben gleichmäßig in die Form schichten.
- Sahne-Mischung darüber gießen und Parmesan darüber streuen.
- Das Fenchelgratin parallel zu den Kartoffelecken bei 200 °C (Ober-/Unterhitze) ca. 25–30 Minuten backen, bis die Oberfläche goldbraun und der Fenchel weich ist.
- Orange in dünne Scheiben schneiden.
- Eine Pfanne bei mittlerer Hitze erhitzen, Honig hinzufügen und leicht blubbern lassen.
- Orangenscheiben in den Honig legen und ca. 2-3 Minuten karamellisieren lassen. Walnüsse hinzufügen und 1–2 Minuten mitrösten. Optional mit einer Prise Zimt würzen.
- Frischen Rucola auf Teller verteilen.
- Fenchelgratin und Kartoffelecken darauf anrichten.
- Karamellisierte Orangen und Walnüsse über das Gratin geben.
- Zum Schluss 1 EL Orangen-Olivenöl über das Gericht träufeln.

4 Portionen 50 Minuten

ca. 2.080 kcal / 520 kcal p.P.

Gemüsepfanne mit Püree

ZUTATEN

Für die Radieschen-Prinzessbohnen-Pfanne:

200 g Radieschen, halbiert oder geviertelt
300 g Prinzessbohnen
1 EL Olivenöl
1 EL Butter
1 Knoblauchzehe, gehackt
2 EL frischer Dill, gehackt
50 g Mandeln, gehackt und geröstet

Für die cremige Sauce:

100 ml Sahne
50 g Schmand
1/2 TL Senf
1/2 TL Paprikapulver
Salz und Pfeffer

Für das Kartoffelpüree:

800 g Kartoffeln, mehlig
50 ml Sahne
50 ml Wasser
2 EL Butter
Salz und Pfeffer

ZUBEREITUNG

- Die Kartoffeln in leicht gesalzenem Wasser 20 Min. weich kochen.
- Mit einem Kartoffelstampfer oder Pürierstab fein pürieren. Sahne-Wasser-Mischung und Butter hinzufügen, zu einem cremigen Püree verarbeiten und mit Salz und Pfeffer abschmecken. Warm halten.
- Die Prinzessbohnen in Salzwasser ca. 5 Minuten blanchieren, abschrecken und abtropfen lassen.
- In einer großen Pfanne Olivenöl und Butter erhitzen, die Radieschen ca. 3–5 Minuten anbraten, bis sie leicht karamellisieren.
- Knoblauch hinzufügen und kurz anschwitzen. Die blanchierten Bohnen dazugeben und weitere 2–3 Minuten braten. Dill unterrühren und mit Salz und Pfeffer abschmecken.
- Die Sahne in einem kleinen Topf erhitzen, Creme Fraîche und Senf einrühren. Mit Paprikapulver, Salz und Pfeffer würzen, kurz aufkochen lassen, bis die Sauce leicht eindickt.
- Die Sauce über die Radieschen-Prinzessbohnen-Pfanne geben und geröstete Mandeln darüberstreuen.
- In einer Schüssel Eier und Sahne-Wasser-Mischung verquirlen, mit Salz und Pfeffer würzen. Paprika, Radieschenwürfel und die Hälfte des geriebenen Käses unterrühren.
- Olivenöl in einer großen Pfanne erhitzen, die Eiermasse hineingießen und bei mittlerer Hitze stocken lassen, bis der Boden fest ist.
- Den restlichen Käse darüberstreuen und das Omelett zugedeckt bei niedriger Hitze ca. 3–4 Minuten fertig garen. Mit Schnittlauch bestreuen und in Stücke schneiden.

ZUTATEN - 2

Für das Omelett:
6 Eier
50 ml Sahne
50 ml Wasser
1 Paprika, Würfel
50 g Radieschen, Würfel
80 g geriebener Käse
2 EL Olivenöl
Salz und Pfeffer
1 EL Schnittlauch, gehackt

ZUBEREITUNG - 2

- Kartoffelpüree auf Tellern anrichten, die Radieschen-Prinzessbohnen-Pfanne mit der cremigen Sauce daneben verteilen. Omelett-Stücke als Beilage dazulegen und mit frischen Kräutern garnieren.

TIPP

- Für zusätzlichen Biss kannst du geröstete Sonnenblumen- oder Kürbiskerne über das Kartoffelpüree oder die Radieschen-Prinzessbohnen-Pfanne streuen.
- Statt der Sahne-Schmand-Sauce könntest du auch eine leichte Joghurt-Dill-Sauce zubereiten, die hervorragend zur Radieschen-Bohnen-Kombination passt.

4 Portionen | 50 Minuten

Ca. 3.120 kcal / 780 kcal p.P.

Gnocchi mit Blumenkohl

ZUTATEN

Für die Gnocchi:
600 g Kartoffeln, mehling
120 g Dinkelvollkornmehl
2 Eigelb
Salz, Muskatnuss

Für die Safransauce:
1 großer Blumenkohl
400 ml Sahne-Wasser
2 Msp Safranfäden
1 Zwiebel, gewürfelt
2 Knoblauchzehen, gehackt
2 EL Butter
1 TL Honig
Salz, Pfeffer, Zitronensaft

Für die grünen Bohnen:
400 g grüne Bohnen
2 EL Olivenöl
Salz, Pfeffer, Thymian

Für die zerlaufene Butter:
60 g Butter
Salbeiblätter oder Minze
Eine Prise Salz
frische Kräuter, Kürbiskerne

ZUBEREITUNG

- Kartoffeln in Salzwasser weich kochen, abgießen und fein pürieren.
- Kartoffelmasse abkühlen lassen, dann mit Mehl, Eigelb, Salz und Muskatnuss zu einem geschmeidigen Teig verkneten.
- Teig auf einer bemehlten Fläche zu Rollen formen und ca. 2 cm lange Stücke abschneiden. Optional mit einer Gabel leicht eindrücken.
- Gnocchi in siedendem Salzwasser portionsweise garen, bis sie an die Oberfläche steigen (ca. 2 Minuten), dann herausnehmen.
- Blumenkohl in kleine Röschen teilen und in Salzwasser ca. 8–10 Minuten garen, bis er weich, aber noch bissfest ist.
- Butter in einem Topf erhitzen, Zwiebel und Knoblauch glasig anschwitzen. Sahne, Wasser und Safranfäden hinzufügen, kurz aufkochen und 5 Minuten köcheln lassen.
- Mit Honig, Salz, Pfeffer und Zitronensaft abschmecken, den Blumenkohl in die Sauce geben und warmhalten.
- Bohnen in Salzwasser ca. 4 Minuten blanchieren, in Eiswasser abschrecken und abtropfen lassen.
- Olivenöl in einer Pfanne erhitzen, Bohnen kurz anbraten und mit Salz, Pfeffer und Thymian würzen.
- Butter in einem kleinen Topf bei niedriger Hitze schmelzen, bis sie leicht bräunt und nussig duftet. Salbei oder Minze in der Butter frittieren und mit einer Prise Salz abschmecken.
- Gnocchi auf Tellern verteilen und mit zerlaufener Butter beträufeln.
- Blumenkohl in Safransauce und Bohnen daneben anrichten.
- Mit frischen Kräutern oder gerösteten Kürbiskernen garnieren.

Gratin mit Kaiserschoten

4 Portionen 45 Minuten

ca. 2.260 kcal / 565 kcal p.P.

ZUTATEN

Für das Kartoffelgratin:
800 g Kartoffeln, festkochend, Scheiben
100 ml Sahne
100 ml Wasser
100 g Creme Fraîche
1 Knoblauchzehe, gehackt
100 g geriebener Käse
1 TL Butter (für die Form)
Salz, Pfeffer
eine Prise Muskatnuss

Für die gratinierten Eier:
8 Eier (je 2 pro Förmchen)
150 ml Sahne
80 g geriebener Käse
1 TL Butter
Salz und Pfeffer
1/2 TL Paprikapulver
1/4 TL getrockneter Thymian oder Rosmarin
frischer Schnittlauch

ZUBEREITUNG

- Backofen auf 180 °C (Ober-/Unterhitze) vorheizen. Eine Auflaufform mit Butter einfetten.
- Sahne-Wasser-Mischung und Creme Fraîche in einem kleinen Topf erwärmen. Knoblauch hinzufügen und mit Salz, Pfeffer und Muskatnuss abschmecken.
- Kartoffelscheiben fächerförmig in die Auflaufform legen. Die Sahne-Creme-Fraîche-Mischung gleichmäßig darüber verteilen.
- Geriebenen Käse gleichmäßig über die Kartoffeln streuen.
- Gratin im vorgeheizten Ofen ca. 40–45 Minuten backen, bis die Kartoffeln weich sind und der Käse goldbraun ist.

- Vier kleine feuerfeste Förmchen mit Butter leicht einfetten.
- Sahne mit Paprikapulver, Salz, Pfeffer und getrocknetem Thymian verrühren. In jedes Förmchen ca. 4 EL der Sahne-Mischung geben.
- Je 2 Eier vorsichtig in jedes Förmchen schlagen, darauf achten, dass die Eigelbe ganz bleiben.
- Geriebenen Käse gleichmäßig über die Eier streuen.
- Förmchen ca. 15–17 Minuten mit dem Kartoffelgratin backen, bis das Eiweiß gestockt ist und der Käse goldbraun ist.

ZUTATEN - 2

Für die Kaiserschoten:
400 g Kaiserschoten
1 EL Sesam
1 EL Honig
1 EL Balsamico-Essig
1 EL Olivenöl
1 TL Zitronensaft
Chili, Salz und Pfeffer

Optional:
2–3 EL Granatapfelkerne (zum Garnieren)

ZUBEREITUNG - 2

- Sesam in einer trockenen Pfanne bei mittlerer Hitze rösten, bis er goldbraun ist. Beiseitestellen.
- Olivenöl in einer großen Pfanne erhitzen. Kaiserschoten hinzufügen und bei mittlerer Hitze 4–5 Minuten anbraten, bis sie bissfest sind.
- Honig, Chili, Balsamico-Essig und Zitronensaft zu den Kaiserschoten geben. Gut vermengen und 1–2 Minuten glasieren lassen.
- Gerösteten Sesam über die Kaiserschoten streuen. Mit Salz und Pfeffer abschmecken.
- Kartoffelgratin in Portionen schneiden und auf Teller anrichten. Kaiserschoten daneben verteilen und mit Honig-Sesam-Glasur beträufeln.
- Gratiniertes Ei entweder in den Förmchen servieren oder vorsichtig herauslösen und auf die Teller legen.
- Mit frischem Schnittlauch und optional Granatapfelkernen garnieren.

Kartoffelauflauf exotic

4 Portionen 70 Minuten

ca. 2.307 kcal / 577 kcal p.P.

ZUTATEN - 1

600 g Kartoffeln, Scheiben
1 Zucchini, Scheiben
1 Paprika, Würfel
150 g Brokkoliröschen
100 g Kirschtomaten, Stücke
1 kleine Mango, Würfel
1 TL Honig
1 Prise Zimt
1 EL Olivenöl
Salz und Pfeffer

ZUBEREITUNG - 1

- In einer Pfanne 1 EL Olivenöl erhitzen. Mangowürfel mit 1 TL Honig und einer Prise Zimt hinzufügen und bei mittlerer Hitze 3–5 Minuten karamellisieren, bis sie leicht goldbraun sind. Beiseitestellen.
- Kartoffeln und Gemüse (Zucchini, Paprika, Brokkoli, Kirschtomaten) vorbereiten. Alles mit Olivenöl, Salz und Pfeffer in einer großen Schüssel vermengen.
- Sahne und Gemüsebrühe in einem kleinen Topf erhitzen. Knoblauch, Currypulver, Kurkuma, geriebenen Ingwer, Zimt, Zitronensaft und Zitronenabrieb hinzufügen. Mit Salz und Pfeffer abschmecken. Sauce kurz aufkochen lassen, dann beiseitestellen.

ZUTATEN - 2

Für die Curry-Sauce:
250 ml Sahne
250 ml Gemüsebrühe
2 Knoblauchzehen, gehackt
1 EL Currypulver
1 TL Kurkuma
1 EL Ingwer, geriebenen
½ TL Zimt
1/2 Zitrone Saft und Abrieb
Salz und Pfeffer

Für das knusprige Topping:
100 g geriebener Käse
2 EL Cashewkerne, gehackt
2 EL Vollkornbrotkrümel
1 EL Olivenöl

frische Kräuter

ZUBEREITUNG - 2

- Eine Auflaufform einfetten. Die Hälfte der Kartoffel-Gemüsemischung auf dem Boden der Form verteilen. Karamellisierte Mangowürfel daraufgeben. Mit der Hälfte der Curry-Zitronen-Sauce übergießen.
- Restliche Kartoffel-Gemüsemischung darüberlegen und mit der restlichen Sauce übergießen.
- Geriebenen Käse, gehackte Cashewkerne und Vollkornbrotkrümel in einer Schüssel mischen. Olivenöl hinzufügen und gut vermengen. Das Topping gleichmäßig über den Auflauf streuen.
- Auflauf im vorgeheizten Ofen bei 180 °C (Ober-/Unterhitze) 45–60 Minuten backen, bis die Kartoffeln weich sind und das Topping goldbraun ist.
- Den Auflauf vor dem Servieren 5 Minuten ruhen lassen, damit sich die Aromen setzen können.
- Nach Belieben mit frischen Kräutern (z. B. Petersilie oder Koriander) garnieren.

TIPP

- Gib vor dem Servieren einen Klecks Joghurt oder Schmand auf den Auflauf. Das bringt Frische und passt super zu den Gewürzen und der süßen Mango.
- Wenn du es gerne schärfer magst, füge eine Prise Chiliflocken zur Curry-Zitronen-Sauce hinzu oder streue frische, gehackte Chili über den Auflauf. Das gibt eine angenehme Schärfe.

4 Portionen 45 Minuten

ca. 1.580 kcal / 395 kcal p.P.

Kartoffel-Käse-Omelette

ZUTATEN

Für das Omelette:

400 g Kartoffeln
6 Eier
100 g geriebener Gouda
Salz und Pfeffer
2 EL Olivenöl

Für den Spinat:

250 g frischer Spinat
2 kleine Zwiebeln, gewürfelt
2 getrocknete Tomaten
40 g geriebener Gouda
2 TL Olivenöl
Salz, Pfeffer, Muskatnuss
1 TL frischer oder getrockneter Basilikum

Für die Tomatensauce:

300 g Cocktailtomaten, halbiert
1 Zwiebel, gewürfelt
1 Knoblauchzehe, gehackt
1 EL Honig
1 EL Olivenöl
1 EL Balsamico-Essig
25 ml Gemüsebrühe
Salz und Pfeffer

ZUBEREITUNG

- Kartoffeln mit Schale in leicht gesalzenem Wasser ca. 20 Minuten gar kochen, abgießen und ausdampfen lassen.
- Nach dem Abkühlen grob reiben.
- Eier in einer großen Schüssel verquirlen, die geriebenen Kartoffeln und 100 g Gouda untermischen. Mit Salz und Pfeffer abschmecken.
- Olivenöl in einer großen Pfanne erhitzen, die Eier-Kartoffel-Mischung hineingeben und zugedeckt bei mittlerer Hitze ca. 7-9 Minuten stocken lassen bis die Oberfläche leicht gebräunt ist.
- Olivenöl in einem kleinen Topf erhitzen. Zwiebel und Knoblauch darin glasig dünsten.
- Cocktailtomaten hinzufügen und bei mittlerer Hitze ca. 5 Minuten köcheln lassen.
- Honig, Balsamico-Essig und Gemüsebrühe hinzufügen. Mit Salz und Pfeffer abschmecken und weitere 5 Min. köcheln lassen.
- Die Sauce leicht pürieren.
- Olivenöl in einer Pfanne erhitzen, die Zwiebelwürfel glasig dünsten.
- Die getrockneten Tomaten hinzufügen und 1 Minute mitbraten.
- Den frischen Spinat portionsweise in die Pfanne geben, unter Rühren zusammenfallen lassen. Mit Salz, Pfeffer, Muskatnuss abschmecken.
- Gouda über den Spinat streuen, die Pfanne abdecken und warten, bis der Käse geschmolzen ist.
- Zum Schluss Basilikum unterheben.
- Auf Wunsch geröstete Pinienkerne über das fertige Gericht geben.

Kartoffelsalat

4 Portionen 50 Minuten

ca. 2.020 kcal / 505 kcal p.P.

ZUTATEN

800 g Kartoffeln, fest
1/2 Salatgurke, Scheiben
1 rote Zwiebel, gewürfelt
1 Avocado, Würfel
5 Radieschen, Scheiben
1 kleiner Apfel, Würfel
50 g Walnüsse, grob gehackt und geröstet
1 TL Senf
200 g Schmand
2 EL Olivenöl
1 TL Honig
2 EL Apfelessig
1 Bund Schnittlauch, fein geschnitten
Salz und Pfeffer

ZUBEREITUNG

- Kartoffeln mit Schale in Salzwasser ca. 20 Minuten gar kochen, bis sie weich, aber noch schnittfest sind.
- Abgießen, etwas abkühlen lassen und in Scheiben schneiden.
- Salatgurke und Radieschen in feine Scheiben schneiden.
- Avocado würfeln und sofort mit 1 EL Apfelessig vermengen, damit sie nicht braun wird.
- Apfel in kleine Würfel schneiden.
- Walnüsse in einer Pfanne ohne Öl rösten, bis sie duften.
- Schmand in eine große Schüssel geben.
- Senf, Olivenöl, Honig und 2 EL Apfelessig hinzufügen und gut verrühren.
- Mit Salz und Pfeffer abschmecken.
- Kartoffelscheiben in die Schüssel mit dem Dressing geben und vorsichtig vermengen.
- Gurke, Radieschen, Apfel und Avocado hinzufügen und ebenfalls unterheben.
- Geröstete Walnüsse und Schnittlauch darüberstreuen.
- Den Salat mindestens 30 Minuten im Kühlschrank ziehen lassen, damit sich die Aromen gut verbinden.

TIPP

Für eine würzigere Variante kannst du einen kleinen Löffel Meerrettich ins Dressing mischen.

4 Portionen 45 Minuten

ca. 1.720 kcal / 430 kcal p.P.

Pasti-Püree mit Austern

ZUTATEN

Für das Pastinaken-Püree:

500 g Pastinaken, Stücke
200 g Kartoffeln, Stücke
50 ml Sahne
30 g Butter
1 TL Thymianblättchen
Salz und Pfeffer

Für die Austernpilze:

400 g Austernpilze
1,5 EL Butter
1 Knoblauchzehe, gehackt
150 ml Sahne
1 TL Thymianblättchen
Salz und Pfeffer
1 Spritzer Zitronensaft

Für den Ziegenkäse:

4 Scheiben Ziegenkäserolle
2 EL Honig
1 EL gehackte Walnüsse
1/2 TL Thymianblättchen
1 Prise Pfeffer

Für die Toppings:

50 g Granatapfelkerne
40 g Mandeln, grob gehackt

ZUBEREITUNG

- Pastinaken und Kartoffeln in leicht gesalzenem Wasser ca. 15–20 Minuten weich kochen. Wasser abgießen und das Gemüse zurück in den Topf geben.
- Mit einem Kartoffelstampfer oder Stabmixer zu einem glatten Püree verarbeiten. Sahne, Butter und Thymian unterrühren, mit Salz und Pfeffer abschmecken und warm halten.
- Austernpilze mit einem Küchentuch reinigen und in mundgerechte Stücke schneiden. In einer Pfanne Olivenöl oder Butter erhitzen und Pilze ca. 4 Minuten anbraten, bis sie leicht gebräunt sind.
- Knoblauch, Thymian hinzufügen, kurz mitbraten, dann Sahne hinzufügen und die Sauce bei mittlerer Hitze ca. 5 Minuten leicht einköcheln lassen. Mit Salz, Pfeffer und einem Spritzer Zitronensaft abschmecken.
- Ziegenkäsescheiben auf ein mit Backpapier ausgelegtes Backblech legen. Honig darüber träufeln, mit gehackten Walnüssen und frischen Thymianblättchen bestreuen und mit etwas Pfeffer würzen.
- Den Ziegenkäse im vorgeheizten Ofen bei 200 °C oder unter dem Grill 4–6 Minuten backen, bis er goldbraun ist.
- Mandeln in einer trockenen Pfanne bei mittlerer Hitze rösten, bis sie duften und goldbraun sind.
- Das Pastinaken-Püree auf Tellern anrichten. Austernpilze in Sahnesauce daneben setzen. Jeweils eine Scheibe überbackenen Ziegenkäse auf das Püree legen. Mit Granatapfelkernen und gerösteten Mandeln bestreuen.
- Optional mit Thymianblättchen oder einem Spritzer Balsamico garnieren und servieren.

4 Portionen 45 Minuten

ca. 1.880 kcal / 470 kcal p.P.

ZUTATEN

Für die Rösti:
800 g Kartoffeln, fest
1 Zwiebel, gewürfelt
1 Ei
2 EL Vollkornmehl
½ TL Salz, Pfeffer
Olivenöl (zum Braten)

Für die Spiegeleier:
4 Eier
1 EL Butter
Salz und Pfeffer

Für den Blumenkohl:
400 g Blumenkohlröschen
1 EL Olivenöl
1 Knoblauchzehe, gehackt
1 TL Paprikapulver
½ TL Kurkuma
2 EL Schmand
Salz und Pfeffer
Frische Petersilie

Für die Tomatensalsa:
4 Tomaten, Würfel
½ Zwiebel, 1 Knoblauchzehe
1 EL Olivenöl (Orange)
1 TL Zitronensaft
Salz, Pfeffer und Honig
frisches Basilikum

Rösti mit Spiegelei

ZUBEREITUNG

- Blumenkohl in ein Garsieb geben und über leicht kochendem Wasser ca. 8–10 Minuten dämpfen, bis er weich, aber noch bissfest ist.
- Blumenkohl in eine Schüssel geben und mit Olivenöl, Knoblauch, Paprikapulver, Kurkuma, Salz und Pfeffer vermengen. Schmand vorsichtig unterheben und mit Thymian oder Petersilie garnieren. Warmhalten..
- Geriebene Kartoffeln in ein sauberes Küchentuch geben und überschüssige Flüssigkeit ausdrücken.
- Kartoffeln mit Zwiebel, Ei, Mehl, Salz und Pfeffer in einer Schüssel vermengen.
- In einer Pfanne 1–2 EL Olivenöl erhitzen. Jeweils 2–3 EL der Kartoffelmasse in die Pfanne geben, flach drücken und bei mittlerer Hitze 4–5 Minuten pro Seite goldbraun braten. Fertige Rösti im Ofen warmhalten.
- In einer weiteren Pfanne Butter erhitzen. Eier vorsichtig in die Pfanne schlagen und bei mittlerer Hitze braten, bis das Eiweiß gestockt ist und das Eigelb leicht flüssig bleibt. Mit Salz und Pfeffer würzen.
- Tomaten, Zwiebel, Knoblauch, Olivenöl und Zitronensaft in eine Schüssel geben. Mit Salz, Pfeffer und Honig abschmecken. Frisches Basilikum unterrühren und Salsa leicht pürieren.
- Rösti auf Tellern anrichten, Spiegeleier darauflegen und Blumenkohl daneben anrichten.
- Tomatensalsa separat dazu reichen oder über die Rösti geben.

Rührei mit Bratkartoffeln

4 Portionen · 40 Minuten

ca. 2.360 kcal / 590 kcal p.P.

ZUTATEN

Für die Bratkartoffeln:
800 g Kartoffeln, Würfel
2 EL Olivenöl
1 EL Butter
Salz und Pfeffer
1 TL Paprikapulver

Für die Rührei-Pfanne:
8 Eier
100 ml Sahne-Wasser-Mischung (50:50)
200 g geriebener Käse
1 Paprika, Würfel
150 g Champignons, Scheiben
1 kleine Zucchini, Würfel
2 Frühlingszwiebeln, Ringe
1 EL Olivenöl
Salz und Pfeffer
1 TL Muskatnuss

Zum Servieren:
2 reife Avocados, Scheiben
Schnittlauch, fein gehackt

ZUBEREITUNG

- Kartoffeln ungeschält in Salzwasser gar kochen (ca. 20 Minuten).
- Öl und Butter in einer großen Pfanne erhitzen, die Kartoffeln hineingeben.
- Braten, bis die Unterseite goldbraun ist. Vorsichtig wenden und weitere 5 Minuten braten, bis sie rundum knusprig sind.
- Mit Salz, Pfeffer und Paprikapulver würzen, warm halten.
- Olivenöl in einer großen Pfanne erhitzen. Paprika und Champignons 3–4 Minuten anbraten.
- Frühlingszwiebeln und Spinat hinzufügen, weitere 1–2 Minuten braten, bis der Spinat zusammenfällt.
- Eier mit der Sahne-Wasser-Mischung, Salz, Pfeffer und Muskatnuss verquirlen.
- Die Eiermasse in die Pfanne gießen und bei niedriger bis mittlerer Hitze stocken lassen, dabei gelegentlich umrühren.
- Den geriebenen Käse einstreuen und unter Rühren schmelzen lassen.
- Bratkartoffeln und Rührei-Gemüse-Pfanne auf Teller verteilen.
- Mit Avocadoscheiben anrichten und mit Schnittlauch garnieren.

TIPP

Für zusätzlichen Geschmack kannst du frische Kräuter wie Petersilie, Schnittlauch oder Dill direkt in die verquirlten Eier geben, bevor du sie in die Pfanne gibst.

4 Portionen 50 Minuten

Ca. 800 kcal / 200 kcal p.P.

ZUTATEN

500 g Weißkohl, Stücke
3 mittelgroße Kartoffeln, Würfel
2 Möhren, in Scheiben
1 Zwiebel, gewürfelt
1 Knoblauchzehe, gehackt
2 EL Olivenöl
500 ml Gemüsebrühe
150 g passierte Tomaten
1 EL Tomatenmark
1 TL Paprikapulver
1 Lorbeerblatt
1 TL Oregano
1 TL Kümmel (optional, für bessere Verträglichkeit)
Salz und Pfeffer
1 EL Balsamico-Essig
Frische Petersilie

Weißkohl Schmortopf

ZUBEREITUNG

- Olivenöl in einem großen Topf erhitzen.
- Zwiebeln und Knoblauch darin glasig dünsten.
- Möhren und Kartoffelwürfel hinzufügen und ca. 5 Minuten anbraten.
- Weißkohl in den Topf geben und weitere 5–7 Minuten anbraten, bis er leicht gebräunt ist.
- Tomatenmark unterrühren und kurz mit anrösten.
- Mit Gemüsebrühe und passierten Tomaten ablöschen.
- Paprikapulver, Lorbeerblatt, Oregano und optional Kümmel hinzufügen, gut umrühren, aufkochen und die Hitze reduzieren.
- Schmortopf bei mittlerer Hitze ca. 25–30 Minuten köcheln lassen, bis die Kartoffeln gar und der Weißkohl weich, aber noch bissfest ist.
- Das Lorbeerblatt entfernen.
- Mit Balsamico-Essig, Salz, Pfeffer und optional einem Spritzer Zitronensaft abschmecken.
- Schmortopf in tiefen Tellern oder Schalen anrichten, mit frisch gehackter Petersilie bestreuen und warm servieren.

TIPP

- Füge ein paar Kapern oder klein geschnittene Oliven während der letzten 5 Minuten des Kochens hinzu, um eine leicht salzig-pikante Note in den Schmortopf zu bringen.
- Rühre kurz vor dem Servieren einen Klecks Crème fraîche oder Schmand unter den Schmortopf, um ihm eine sanfte, cremige Konsistenz und mehr Geschmeidigkeit zu verleihen.

4 Portionen · 55 Minuten

ca. 2.200 kcal / 550 kcal p.P.

Wirsing-Spitzkohl-Auflauf

ZUTATEN

Für den Auflauf:
400 g Kartoffeln, Scheiben
300 g Wirsing, geschnitten
300 g Spitzkohl, geschnitten
1 Zwiebel, gewürfelt
2 Knoblauchzehen, gehackt
1 EL Olivenöl
100 ml Sahne
100 ml Wasser
100 g Schmand
150 g geriebener Käse
1 EL Öl (für die Form)
1 TL Paprikapulver
1/2 TL Muskatnuss
1 TL frische Thymianblätter
Salz und Pfeffer

Für das Topping:
2 Scheiben Vollkornbrot (klein gewürfelt)
2 EL Haselnüsse, gehackt
1 EL Butter
1/2 TL Paprikapulver
2 EL frische Petersilie

ZUBEREITUNG

- Kartoffelscheiben in leicht gesalzenem Wasser ca. 8 Minuten vorkochen, bis sie leicht weich sind. Abgießen und abkühlen lassen.
- Olivenöl in einer großen Pfanne erhitzen. Zwiebel glasig dünsten, Knoblauch hinzufügen und kurz mit anschwitzen.
- Wirsing und Spitzkohl hinzufügen und bei mittlerer Hitze ca. 5 Minuten anbraten, bis sie leicht zusammenfallen. Mit Salz, Pfeffer, Paprikapulver und Muskatnuss würzen.
- Sahne-Wasser-Mischung in einem kleinen Topf erwärmen und Schmand oder Creme Fraîche einrühren. Thymianblätter hinzufügen und mit Salz, Pfeffer und Muskatnuss abschmecken.
- Backofen auf 180 °C (Ober-/Unterhitze) vorheizen.
- Eine Schicht Kartoffeln in eine gefettete Auflaufform legen, darauf eine Schicht Kohl geben. Mit etwas Sahne-Mischung übergießen.
- Vorgang wiederholen, bis alle Zutaten aufgebraucht sind. Die oberste Schicht sollte aus Kartoffeln bestehen. Mit geriebenem Käse bestreuen.
- Vollkornbrotwürfel in einer Pfanne mit Butter goldbraun rösten. Gehackte Haselnüsse hinzufügen und 1–2 Minuten mitrösten, bis sie duften. Mit Paprikapulver, Salz und Pfeffer würzen.
- Geröstetes Brot-Haselnuss-Topping auf den Käse streuen.
- Auflauf im vorgeheizten Ofen ca. 30–35 Minuten backen, bis die Oberfläche goldbraun und der Kohl weich ist.
- Auflauf heiß servieren. Zum Schluss gehackte Petersilie darüberstreuen, um eine frische Note hinzuzufügen.

4 Portionen 55 Minuten

ca. 2.200 kcal / 550 kcal p.P.

Auberginenröllchen

ZUTATEN

Für die Auberginenröllchen:

2 große Auberginen
200 g Ricotta
50 g Parmesan, gerieben
1 Ei
1 Knoblauchzehe, gehackt
2 EL frischer Basilikum
Salz und Pfeffer

Für die Tomatensauce:

600 g frische Tomaten
1 Zwiebel, gewürfelt
2 Knoblauchzehen, gehackt
2 EL Olivenöl
100 g Oliven, Scheiben
1 TL Oregano, getrocknet
1/2 TL Chiliflocken
1 EL Balsamico-Essig
1 TL Honig
Salz und Pfeffer

Weitere Zutaten:

200 g Vollkornreis
30 g Pinienkerne, geröstet
100 g geriebener Käse
1 Handvoll frische Basilikumblätter

ZUBEREITUNG

- Auberginen längs in ca. 0,5 cm dicke Scheiben schneiden, leicht salzen und 10 Minuten ruhen lassen. Mit Küchenpapier abtupfen.
- In einer Pfanne mit etwas Olivenöl erhitzen und die Auberginenscheiben von beiden Seiten anbraten, bis sie weich sind. Beiseitestellen und abkühlen lassen.
- Ricotta, Parmesan, Ei, Knoblauch, Basilikum, Salz und Pfeffer in einer Schüssel gut vermengen. Abschmecken und beiseitestellen.
- Olivenöl in einem Topf erhitzen, Zwiebeln und Knoblauch glasig dünsten. Gehackte Tomaten und Oliven hinzufügen.
- Mit Oregano, Chiliflocken, Balsamico-Essig, Honig, Salz und Pfeffer würzen. Sauce 15–20 Minuten köcheln lassen, bis sie leicht eindickt.
- Jeweils einen Löffel der Ricotta-Mischung auf die Auberginenscheiben geben, vorsichtig aufrollen und in eine gefettete Auflaufform legen.
- Tomatensauce über die Röllchen gießen und geriebenen Käse darüberstreuen.
- Reis in doppelter Menge Salzwasser garen (ca. 25-30 Minuten). Mit einem Spritzer Zitronensaft abschmecken und warm halten.
- Im vorgeheizten Backofen bei 180 °C (Ober-/Unterhitze) ca. 20–25 Minuten überbacken, bis der Käse goldbraun ist.
- Pinienkerne in einer trockenen Pfanne bei mittlerer Hitze ca. 2–3 Minuten rösten, bis sie goldbraun sind.
- Reis auf Teller verteilen und die Auberginenröllchen mit Tomatensauce darauf anrichten. Geröstete Pinienkerne darüberstreuen und mit frischen Basilikumblättern garnieren.

4 Portionen 45 Minuten

ca. 2.560 kcal / 640 kcal p.P.

Blumenkohl-Reis-Curry

ZUTATEN

200 g Vollkornreis
500 ml Wasser
1 TL Kurkuma
½ TL Salz

Für das Curry:
400 g Blumenkohlröschen
150 g Tiefkühlerbsen
150 g Ananasstücke
50 g Cashewnüsse, geröstet
1-2 EL Olivenöl
1 Zwiebel, gewürfelt
2 Knoblauchzehen, gehackt
1 Stück Ingwer, gerieben
1 EL Currypulver
½ TL Kurkuma
1 EL Tomatenmark
200 ml Gemüsebrühe
200 ml Sahne
1 TL Honig
Salz und Pfeffer
1 TL Zitronensaft

ZUBEREITUNG

- Vollkornreis mit doppelter Menge Wasser, Kurkuma und Salz in einen Topf geben. Zum Kochen bringen, Hitze reduzieren und ca. 35-30 Minuten köcheln lassen, bis er gar ist. Überschüssige Flüssigkeit abgießen und warmhalten.
- Blumenkohl in einem Garsieb über kochendem Wasser 8–10 Minuten dämpfen, bis er bissfest ist.
- Tiefkühlerbsen in heißem Wasser kurz auftauen lassen und abgießen.
- Öl in einem großen Topf oder einer Pfanne erhitzen. Zwiebel, Knoblauch und Ingwer darin glasig anbraten.
- Currypulver, Kurkuma und Tomatenmark hinzufügen und kurz mitrösten, um die Aromen freizusetzen.
- Mit Gemüsebrühe ablöschen und Sahne einrühren. Soße ca. 5 Minuten köcheln lassen, bis sie leicht eindickt.
- Gedämpften Blumenkohl, Erbsen und Ananasstücke hinzufügen. Weitere 5 Minuten köcheln lassen, bis alles gut erhitzt ist.
- Mit Honig, Salz, Pfeffer und Zitronensaft abschmecken.
- Cashewnüsse in einer kleinen Pfanne ohne Fett leicht rösten, bis sie duften.
- Reis auf Teller verteilen und das Curry großzügig darübergeben.
- Mit den gerösteten Cashewnüssen bestreuen und optional mit frischen Kräutern wie Koriander oder Petersilie garnieren.

TIPP

Für zusätzliche Frische kannst du kurz vor dem Servieren einen Spritzer frischen Orangensaft ins Curry geben.

4 Portionen 45 Minuten

ca. 2.560 kcal / 640 kcal p.P.

Gefüllte Paprika

ZUTATEN

4 große Paprika
150 g Grünkern, geschrotet
1 Zwiebel, gewürfelt
1 Knoblauchzehe, gehackt
2 EL Olivenöl
150 g Feta, zerbröselt
1 Möhre, geraspelt
1 TL Paprikapulver
1 TL Oregano, getrocknet
Salz und Pfeffer
2 kleine Zucchini, längs halbiert

Für die Tomatensauce:
600 g Tomaten, Würfel
1 EL Olivenöl
1 Knoblauchzehe, gehackt
1 TL Honig
Salz und Pfeffer
1 Handvoll frisches Basilikum, gehackt
Chili

Für die Beilage:
200 g Vollkornreis
400 ml Gemüsebrühe
Salz

ZUBEREITUNG

- Reis in einem Topf mit doppelter Menge Gemüsebrühe oder Wasser und etwas Salz zum Kochen bringen. Hitze reduzieren und ca. 25-30 Minuten köcheln lassen, bis er gar ist. Warmhalten.
- Grünkern in einem Topf mit 300 ml Gemüsebrühe aufkochen und bei mittlerer Hitze ca. 15 Minuten köcheln lassen, bis die Flüssigkeit aufgenommen ist.
- In einer Pfanne 1 EL Olivenöl erhitzen, Zwiebel, Knoblauch und geraspelte Möhre darin anbraten. Gekochten Grünkern hinzufügen und mit Paprikapulver, Oregano, Salz und Pfeffer würzen. Die Hälfte des Fetas unterheben und beiseitestellen.
- Olivenöl in einem Topf erhitzen, Knoblauch kurz anbraten. Gewürfelte Tomaten hinzufügen und ca. 10–15 Min. köcheln lassen, bis eine sämige Sauce entsteht. Mit Honig, Chili, Salz und Pfeffer abschmecken, frisches Basilikum dazugeben. Sauce in eine große Auflaufform füllen.
- Paprika oben aufschneiden und mit der Grünkern-Füllung füllen. Gefüllte Paprika in die Tomatensauce in der Auflaufform stellen.
- Zucchini um die Paprika herumlegen, leicht salzen und mit etwas Olivenöl beträufeln.
- Auflaufform mit Alufolie abdecken und im vorgeheizten Ofen bei 180°C (Ober-/Unterhitze) ca. 25 Minuten backen.
- Alufolie entfernen, restlichen Feta über Paprika und Zucchini streuen und weitere 10 Minuten backen, bis alles leicht gebräunt ist.
- Gefüllte Paprika mit Zucchini auf der Tomatensauce anrichten. Dazu den gekochten Reis geben und mit frischem Basilikum garnieren.

Reis-Linsen cremig

4 Portionen 45 Minuten

ca. 2.200 kcal / 550 kcal p.P.

ZUTATEN

200 g Vollkornreis
100 g rote Linsen
2 rote Paprika, Würfel
1 Stange Stangensellerie, Ringe
2 Frühlingszwiebeln, Ringe
100 g frischer Blattspinat
1 Zwiebel, gewürfelt
2 Knoblauchzehen, gehackt
1 Stück Ingwer, gerieben

Für die cremige Sauce:
200 ml Gemüsebrühe
150 ml Sahne
2 EL Schmand
1 TL Tomatenmark
½ TL Paprikapulver
Chili nach Geschmack
½ TL Thymian, getrocknet
1 TL Zitronenabrieb
1 TL Zitronensaft
Salz und Pfeffer

Für das Topping:
50 g Mandeln, gehackt
frisches Basilikum, gehackt

ZUBEREITUNG

- Vollkornreis in einem Topf mit 400 ml Wasser und einer Prise Salz kochen, zum Kochen bringen, Hitze reduzieren und ca. 25-30 Minuten bissfest garen.
- Rote Linsen in einem separaten Topf ca. 10 Minuten weich kochen, abgießen und beiseitestellen.
- Olivenöl in einer großen Pfanne oder einem Topf erhitzen. Zwiebel, Knoblauch, Ingwer, Paprika und Stangensellerie ca. 5 Minuten anbraten, bis das Gemüse weich ist.
- Frühlingszwiebeln hinzufügen und kurz mitbraten.
- Tomatenmark, Chili und Paprikapulver in die Pfanne geben und kurz anrösten.
- Mit Gemüsebrühe ablöschen, Sahne und Schmand einrühren.
- Thymian und Zitronenabrieb hinzufügen und die Sauce ca. 5 Minuten köcheln lassen, bis sie leicht eindickt.
- Mit Salz, Pfeffer und Zitronensaft abschmecken.
- Gekochten Reis und Linsen zur Sauce geben und gut vermengen.
- Blattspinat unterheben und zusammenfallen lassen.
- Gehackte Mandeln in einer kleinen Pfanne ohne Fett rösten, bis sie duften.
- Reis-Linsen-Gericht auf Teller verteilen, mit gerösteten Mandeln bestreuen und optional mit Petersilie oder Basilikum garnieren.

TIPP

Wenn du es noch würziger magst, füge eine Prise Kreuzkümmel oder Garam Masala zur Sauce hinzu.

Reis-Gemüse-Auflauf

4 Portionen 60 Minuten

ca. 2.330 kcal / 582 kcal p.P.

ZUTATEN

200 g Vollkornreis
400 g Brokkoliröschen
2 Möhren, Scheiben
200 g Champignons, Scheiben
1 Zwiebel, gewürfelt
2 Knoblauchzehen, gehackt
150 g Mozzarella, gewürfelt
100 g geriebener Käse
50 g Nüsse (z. B. Walnüsse, Mandeln oder Cashews), grob gehackt
200 ml Gemüsebrühe
200 ml Sahne
1 TL Paprikapulver
½ TL Muskatnuss
Salz und Pfeffer
1 EL Olivenöl
frische Petersilie

ZUBEREITUNG

- Vollkornreis in doppelter Menge Salzwasser garen bis er weich ist (ca. 25-30 Minuten).
- Brokkoliröschen und Möhrenscheiben 3–4 Minuten in kochendem Salzwasser blanchieren, abschrecken und abtropfen lassen.
- Champignons in einer Pfanne mit etwas Butter anbraten und zur Seite stellen.
- Gehackte Nüsse in einer Pfanne ohne Fett leicht rösten, bis sie duften, und beiseitestellen.
- Olivenöl in einer Pfanne erhitzen, Zwiebel und Knoblauch glasig anbraten.
- Sahne und Gemüsebrühe hinzufügen, mit Paprikapulver, Muskatnuss, Salz und Pfeffer würzen und kurz aufkochen lassen.
- Gekochten Reis in eine gefettete Auflaufform geben und gleichmäßig verteilen. Brokkoli, Möhren und Champignons darauf schichten.
- Mozzarellawürfel über das Gemüse streuen und die Soße gleichmäßig darüber gießen. Geröstete Nüsse über den Auflauf streuen.
- Geriebenen Käse (z. B. Parmesan oder Gouda) über den Auflauf streuen.
- Im vorgeheizten Ofen bei 180 °C (Ober-/Unterhitze) ca. 25-30 Minuten backen, bis der Käse goldbraun ist.
- Mit frischen Kräutern garnieren und heiß servieren.

TIPP

Beträufle den fertigen Auflauf vor dem Servieren mit etwas frischem Zitronensaft, um das Gericht leichter und frischer zu machen.

Reissalat

4 Portionen · 40 Minuten

ca. 1.880 kcal / 470 kcal p.P.

ZUTATEN

200 g Vollkornreis
1 rote Paprika, Würfel
1 gelbe Paprika, Würfel
1 Gurke, Würfel
2 Möhren, grob geraspelt
150 g Kirschtomaten, halbiert
2 Frühlingszwiebeln, Ringe
50 g Rucola
50 g geröstete Sonnenblumenkerne
100–150 g Feta, gewürfelt

Für das Kräuterdressing:
4 EL Olivenöl
2 EL Apfelessig
1 TL Honig
1 TL Senf
2 EL frisch gehackte Kräuter (z. B. Petersilie, Dill, Schnittlauch oder Basilikum)
Salz und Pfeffer
ein Spritzer Zitronensaft

ZUBEREITUNG

- Vollkornreis in doppelter Menge Salzwasser garen (ca. 25-30 Minuten) und abkühlen lassen.
- Während der Reis kocht, Paprika, Gurke, Möhren, Tomaten und Frühlingszwiebeln vorbereiten.
- Sonnenblumenkerne in einer Pfanne ohne Fett goldbraun rösten und abkühlen lassen.
- Alle Zutaten für das Kräuterdressing in einer kleinen Schüssel verrühren, bis sie gut vermischt sind. Abschmecken.
- In einer großen Schüssel den gekochten Reis mit Gemüse, gerösteten Kernen und Fetawürfeln vermengen.
- Das Kräuterdressing darüber geben und gut unterheben.
- Zum Schluss den Rucola vorsichtig unterheben, damit er knackig bleibt.
- Sofort servieren oder kühl stellen.

TIPP

- Für eine fruchtige Note kannst du frische Granatapfelkerne oder kleine Orangenfilets hinzufügen.
- Für mehr Würze im Dressing füge 1 TL Senf oder einen Hauch Chiliöl hinzu.

Couscous mit Mango

4 Portionen 35 Minuten

ca. 2.100 kcal / 525 kcal p.P.

ZUTATEN

Für den Couscous:
240 g Couscous
500 ml Sahne-Wasser-Mischung (50:50)
Salz und Pfeffer

Für die Gemüse-Pfanne:
1 reife Mango, Würfel
2 Paprika, Würfel
160 g Erbsen (frisch od. TK)
1 Knoblauchzehe, gehackt
4 Frühlingszwiebeln, Ringe
2 EL Olivenöl
1 TL Paprikapulver
Salz und Pfeffer

Für die Sauce:
200 ml Sahne
100 ml Wasser
1 EL Vollkornmehl
1 EL Zitronensaft
1 TL Honig
½ TL Paprikapulver
Salz, Pfeffer, Chili

Für das Topping:
80 g Cashewkerne
4 EL Kokosflocken, geröstet
frische Minze, gehackt
Granatapfelkerne

ZUBEREITUNG

- Die Sahne-Wasser-Mischung in einem Topf erhitzen, leicht salzen. Couscous einrühren, abdecken und ca. 10 Minuten quellen lassen. Danach mit einer Gabel auflockern.
- In einer großen Pfanne Olivenöl erhitzen, Knoblauch und Frühlingszwiebeln anbraten.
- Paprika und Erbsen hinzufügen, 3–4 Minuten bei mittlerer Hitze braten.
- Mango dazugeben, 2 Minuten leicht erwärmen.
- Mit Paprikapulver, Salz und Pfeffer würzen.
- Den Couscous in die Gemüse-Mango-Pfanne geben und gut vermengen.
- In einem separaten Topf für die Sauce Sahne und Wasser erhitzen. Zitronensaft, Honig, Chili und Paprikapulver einrühren.
- Das Vollkornmehl mit 2 EL kaltem Wasser anrühren und unter ständigem Rühren in die heiße Sahnemischung geben.
- Kurz aufkochen lassen, bis die Sauce leicht eindickt. Mit Salz und Pfeffer abschmecken.
- Die Sauce über das Gericht gießen und unterheben, sodass alles schön cremig ist.
- Die Cashewkerne und Kokosflocken in einer Pfanne ohne Fett leicht rösten.
- Den warmen Couscous auf Tellern anrichten, mit gerösteten Cashewkernen, Kokosflocken und frischer Minze garnieren.
- Nach Belieben Granatapfelkernen hinzufügen.

4 Portionen 35 Minuten

ca. 2.878 kcal / 718 kcal p.P.

ZUTATEN

200 g Vollkorn-Couscous
400 ml Gemüsebrühe (heiß)
1 EL Olivenöl
1 TL Zitronensaft
Salz und Pfeffer

2 Süßkartoffeln, Würfel
2 Paprikaschoten, Würfel
200 g Cocktailtomaten
1 Zwiebel, in Spalten
200 g Erbsen (frisch od. TK)
2 EL Olivenöl
1 TL Paprikapulver
Salz und Pfeffer

2 Avocados, Scheiben
50 g Feta, zerbröckelt
40 g geröstete Cashews
Frische Petersilie und
Minze, fein gehackt

Für das Dressing:
3 EL Olivenöl
1 EL Zitronensaft
1 TL Honig
1 TL Senf
Salz und Pfeffer

Couscous Röstgemüse

ZUBEREITUNG

- Couscous in eine Schüssel geben, heiße Gemüsebrühe darüber gießen, abdecken und ca. 10 Minuten quellen lassen. Mit einer Gabel auflockern und mit Olivenöl, Zitronensaft, Salz und Pfeffer abschmecken.
- Süßkartoffeln, Paprika, Cocktailtomaten und Zwiebeln in einer Schüssel mit Olivenöl, Paprikapulver, Salz und Pfeffer vermengen.
- Das Gemüse auf einem Backblech mit Backpapier verteilen und im vorgeheizten Ofen bei 200 °C (Ober-/Unterhitze) ca. 20–25 Minuten rösten, bis es weich und leicht gebräunt ist.
- Die Erbsen 5 Minuten vor Ende der Backzeit hinzufügen.
- Cashews in einer trockenen Pfanne bei mittlerer Hitze rösten, bis sie duften und leicht goldbraun sind, dann beiseitestellen.
- Olivenöl, Zitronensaft, Honig und Senf in einer kleinen Schüssel verrühren, mit Salz und Pfeffer abschmecken.
- Couscous auf vier Schalen oder Teller verteilen. Das Röstgemüse darauf anrichten.
- Mit Avocadospalten, zerbröckeltem Feta und gerösteten Cashews garnieren.
- Das Gericht mit Dressing beträufeln und mit frischer Petersilie und Minze bestreuen. Sofort servieren.

TIPP

Streue zusätzlich einige Granatapfelkerne über das Gericht, um eine süß-säuerliche Frische und einen knackigen Biss als Kontrast zum cremigen Feta und den Avocados zu bieten.

4 Portionen 35 Minuten
ca. 1.106 kcal / 276 kcal p.P.

Couscous orientalisch

ZUTATEN

Für den Couscous:
1 kleiner Blumenkohl
150 g Couscous
300 ml Gemüsebrühe
1 Aubergine, Würfel
2 Paprika, Würfel
200 g frische Kichererbsen
50 g Rosinen
2 EL Olivenöl
1 TL Paprikapulver
1 TL Kurkuma
1 TL Zimt
Salz und Pfeffer

Für die Zitronensauce:
200 ml Sahne-Wasser-Mischung (50:50)
1 Knoblauchzehe, gehackt
1 EL Olivenöl
1 TL Honig
Zitrone Saft und Abrieb
1 TL Vollkornmehl
Salz und Pfeffer

frische Petersilie, gehackt
30 g Cashewkerne

ZUBEREITUNG

- Die Kichererbsen über Nacht mit Wasser einweichen. Am nächsten Tag mit frischem Wasser ca. 45-60 Minuten weich kochen.
- Blumenkohl im Mixer zu einer reisartigen Konsistenz zerkleinern.
- Couscous in einer Schüssel mit 300 ml heißer Gemüsebrühe übergießen, abdecken und ca. 10 Minuten quellen lassen, anschließend mit einer Gabel auflockern.
- Auberginen- und Paprikawürfel mit 2 EL Olivenöl, Paprikapulver, Kurkuma, Zimt, Salz und Pfeffer vermengen. Auf einem Backblech verteilen und im vorgeheizten Ofen bei 200 °C (Ober-/Unterhitze) ca. 20 Minuten rösten, bis das Gemüse weich und leicht gebräunt ist.
- Blumenkohl in einer großen Pfanne ohne Fett 5 Min. bei mittlerer Hitze leicht anrösten, bis er gar ist, mit dem gegarten Couscous mischen.
- Kichererbsen in einer Pfanne mit 1 EL Olivenöl kurz anbraten. Rosinen 2 Minuten mitrösten, dann zum Blumenkohl-Couscous geben.
- Olivenöl in einem kleinen Topf erhitzen und den Knoblauch kurz anschwitzen.
- Sahne-Wasser-Mischung, Zitronensaft, Zitronenabrieb und Honig hinzufügen. Aufkochen und bei niedriger Hitze 5 Minuten köcheln lassen.
- Mehl in etwas kaltem Wasser glatt rühren, in die Sauce geben und kurz aufkochen, bis sie leicht eindickt. Mit Salz und Pfeffer abschmecken.
- Geröstetes Gemüse unter den Blumenkohl-Couscous heben. Die warme Zitronensauce über das Gericht geben.
- Mit gehackter Petersilie und gerösteten Cashewkernen bestreuen .

Eierauflauf Kichererbsen

4 Portionen   60 Minuten
ca. 2.400 kcal / 600 kcal p.P.

ZUTATEN

8 Eier
150 ml Sahne-Wasser-Mischung (50:50)
1 TL Paprikapulver
Salz und Pfeffer
2 EL Olivenöl
200 g Zucchini, Würfel
300 g Tomaten, Würfel
1 rote Paprika, Würfel
200 g Kichererbsen (getrocknet, über Nacht eingeweicht)
Kräuter der Provence
50 g Sonnenblumenkerne, geröstet
100 g geriebener Käse
1 EL frischer Basilikum

ZUBEREITUNG

- Die eingeweichten Kichererbsen in frischem Wasser 45–60 Minuten weich kochen, abgießen und beiseitestellen.
- Die Eier mit der Sahne-Wasser-Mischung, Paprikapulver, Salz und Pfeffer in einer Schüssel verquirlen.
- In einer Pfanne 1 EL Olivenöl erhitzen. Zucchini- und Paprikawürfel 3–4 Minuten anbraten, Tomatenwürfel hinzufügen und 2 Minuten mitdünsten. Mit Salz und Pfeffer abschmecken.
- Die gekochten Kichererbsen und Kräuter der Provence in die Pfanne geben, alles vermengen und 1–2 Minuten erhitzen. Die Mischung in eine leicht gefettete Auflaufform geben.
- Die Eimasse über das Gemüse in der Form gießen und geriebenen Käse gleichmäßig darüberstreuen.
- Den Auflauf im vorgeheizten Ofen bei 180 °C (Ober-/Unterhitze) 25–30 Minuten backen, bis die Eimasse gestockt und der Käse goldbraun ist.
- Die Sonnenblumenkerne in einer trockenen Pfanne 2–3 Minuten rösten, bis sie leicht duften.
- Den Auflauf kurz abkühlen lassen, mit gerösteten Sonnenblumenkernen und frischen Kräutern garnieren.

TIPP

Ersetze einen Teil der Zucchini oder Paprika durch kleine Brokkoliröschen oder geriebene Möhre, um zusätzliche Farben und Aromen einzubringen.

4 Portionen 50 Minuten

ca. 1.448 kcal / 362 kcal p.P.

Gefüllter Kürbis

ZUTATEN

Für die Kürbishälften:
2 kleine Hokkaidokürbisse
80 g Hirse
2 kleine Zwiebeln, gewürfelt
2 Knoblauchzehen, gehackt
75 g Paprika, Würfel
75 g Möhren, geraspelt
100 g Feta, zerbröckelt
2 EL Olivenöl
1 TL Paprikapulver
Chili
Salz und Pfeffer

Für die Kürbiskerne:
4 EL Kürbiskerne
2 TL Honig
1 Prise Salz

ZUBEREITUNG

- Die Hokkaidokürbisse halbieren und die Kerne mit einem Löffel entfernen.
- Innenflächen der Kürbishälften mit Olivenöl, Salz und Pfeffer einreiben.
- Kürbishälften im vorgeheizten Backofen bei 200 °C (Ober-/Unterhitze) ca. 15 Minuten vorgaren, bis sie leicht weich sind.
- Hirse mit doppelter Menge gesalzenem Wasser in einem Topf ca. 15 Minuten garen.
- Währenddessen Olivenöl in einer Pfanne erhitzen, Zwiebeln und Knoblauch glasig dünsten.
- Paprika und Möhren hinzufügen und etwa 5 Minuten anbraten.
- Gegarte Hirse unter das Gemüse mischen, mit Paprikapulver, Chili, Salz und Pfeffer abschmecken.
- Vorbereitete Kürbishälften mit der Hirse-Gemüse-Mischung füllen.
- Zerbröckelten Feta über die Füllung streuen.
- Die gefüllten Kürbishälften weitere 15–20 Minuten backen, bis der Kürbis weich ist und der Feta leicht gebräunt ist.
- Kürbiskerne in einer Pfanne ohne Fett rösten, dann Honig hinzufügen und karamellisieren, bis sie goldbraun sind.
- Mit einer Prise Salz würzen und zum Abkühlen auf Backpapier legen.
- Gefüllte Kürbishälften aus dem Ofen nehmen, mit karamellisierten Kürbiskernen bestreuen.
- Optional mit frischen Kräutern wie Petersilie oder Koriander garnieren.

4 Portionen 45 Minuten

ca. 2.400 kcal / 600 kcal p.P.

Gefülltes Ofengemüse

ZUTATEN

Für die Süßkartoffeln:

2 mittelgroße Süßkartoffeln
150 g Quark (Vollfett)
1 Knoblauchzehe, gehackt
2 EL Dill
Salz und Pfeffer
30 g geriebener Käse
20 g gehackte Mandeln
1 EL frischer Thymian

Für die Zucchini:

2 mittelgroße Zucchini
1 kleine Zwiebel, gewürfelt
1 Knoblauchzehe, gehackt
1 kleine Paprika, Würfel
1 Möhre, geraspelt
50 g Feta
30 g Mandelmehl
1 EL Olivenöl
Salz, Pfeffer, Paprikapulver
1 EL Kürbiskerne
1 EL gehackte frische Minze

ZUBEREITUNG

- Süßkartoffeln halbieren, Fruchtfleisch leicht aushöhlen mit einem kleinen Löffel.
- Das Fruchtfleisch mit Quark, Knoblauch, Kräutern, Salz und Pfeffer vermengen. Mischung in die Süßkartoffelhälften geben, mit geriebenem Käse und gehackten Mandeln bestreuen und mit frischem Thymian garnieren.
- Zucchini halbieren und aushöhlen. Olivenöl in einer Pfanne erhitzen, Zwiebel, Knoblauch, Paprika, Möhre und die Hälfte vom Zucchinifruchtfleisch anbraten und würzen. Die Füllung in die Zucchini geben, mit Feta bestreuen. Mandelmehl mit Olivenöl mischen, als Streusel daraufgeben. Nach dem Backen mit Kürbiskernen und Minze bestreuen.
- Avocadohälften vorsichtig aushöhlen, Tomaten-, Zwiebelwürfel und die Hälfte vom Avocadofruchtfleisch mit Olivenöl, Salz und Pfeffer mischen. Hälften füllen, mit Käse bestreuen. Nach dem Backen mit Pinienkernen und Petersilie garnieren.
- Ofen auf 200 °C (Ober-/Unterhitze) vorheizen. Gefülltes Gemüse auf ein Backblech legen, 25-27 Minuten backen, bis Süßkartoffeln weich, der Käse goldbraun und die Zucchini gar sind.
- Süßkartoffeln, Zucchini und Avocadohälften anrichten, optional mit Zitronensaft oder Orangenöl beträufeln.
- Die Zucchinischale kannst du mitessen, Süßkartoffel und Avocado auslöffeln.

ZUTATEN - 2

Für die Avocados:

2 reife Avocados
1 kleine Tomate, Würfel
1 kleine Zwiebel, gewürfelt
1 EL Olivenöl
30 g geriebener Käse
Salz und Pfeffer
1 EL Pinienkerne
1 EL Petersilie

TIPP

- Geschmacksintensität erhöhen: Röste die ausgehöhlten Gemüse-Fruchtfleischreste kurz in der Pfanne mit Olivenöl und Gewürzen an, bevor du sie in die Füllung einarbeitest – das intensiviert den Geschmack.
- Käse variieren: Probiere verschiedene Käsesorten wie Gruyère oder Ziegenkäse statt Feta oder geriebenem Käse, um unterschiedliche Aromen zu erzielen.
- Knusprige Toppings: Ergänze die Streusel auf den Zucchini oder Süßkartoffeln mit grob gehackten Nüssen wie Walnüssen oder Haselnüssen für mehr Textur.
- Avocado geschmacklich aufwerten: Gib einen Spritzer Limettensaft und eine Prise Chili in die Avocado-Füllung, um sie frischer und würziger zu machen.
- Karamellisierte Note: Träufle vor dem Backen etwas Honig über die gefüllten Süßkartoffeln, um eine leichte Süße und eine goldene Kruste zu erzeugen.

4 Portionen 55 Minuten

ca. 2.502 kcal / 626 kcal p.P.

Grünkohl-Auflauf

ZUTATEN

400 g frischer Grünkohl
500 g Süßkartoffeln, Scheiben
200 g Feta, zerbröckelt
1 große Zwiebel, gewürfelt
2 Knoblauchzehen, gehackt
200 ml Sahne
2 Eier
1 TL Senf
1 TL Paprikapulver
1/2 TL Muskatnuss
1/2 TL Chiliflocken
2 EL Olivenöl
30 g Kürbiskerne, geröstet
Salz und Pfeffer
50 g geriebener Käse

ZUBEREITUNG

- Grünkohl waschen, von den dicken Stielen entfernen und in mundgerechte Stücke schneiden.
- Einen großen Topf mit leicht gesalzenem Wasser zum Kochen bringen und den Grünkohl darin ca. 3 Minuten blanchieren. Abgießen und gut abtropfen lassen. (Ggf. in 2 Durchgängen)
- Olivenöl in einer großen Pfanne erhitzen. Zwiebel glasig dünsten, Knoblauch hinzufügen und kurz mitbraten.
- Süßkartoffelscheiben hinzufügen und bei mittlerer Hitze ca. 5 Minuten anbraten. Mit Salz, Pfeffer, Paprikapulver und Chiliflocken würzen.
- Sahne, Eier, Senf und Muskatnuss in einer Schüssel verquirlen. Mit Salz und Pfeffer abschmecken.
- Den Backofen auf 180 °C (Ober-/Unterhitze) vorheizen und eine Auflaufform leicht einfetten. Die Hälfte der Süßkartoffelscheiben auf dem Boden der Form verteilen.
- Den Grünkohl daraufgeben und mit der Hälfte des Fetas bestreuen.
- Die restlichen Süßkartoffelscheiben darüber schichten und mit der Sahne-Mischung übergießen. Den restlichen Feta darüber verteilen und optional mit geriebenem Käse bestreuen.
- Kürbiskerne in einer trockenen Pfanne bei mittlerer Hitze rösten, bis sie leicht duften und goldbraun sind (ca. 3 Minuten).
- Den Auflauf im vorgeheizten Backofen ca. 30–35 Minuten backen, bis die Süßkartoffeln weich sind und der Käse goldbraun ist.
- Kurz vor Ende der Backzeit die gerösteten Kürbiskerne gleichmäßig auf dem Auflauf verteilen.

Kräuter-Muffins

20 Muffins | 45 Minuten

ca. 3.600 kcal / 180 kcal p.P.

ZUTATEN

250 g Vollkornmehl
2 TL Backpulver
½ TL Natron
½ TL Salz
1 TL Paprikapulver
100 g geriebener Käse
2 Eier
200 ml Buttermilch
100 ml Olivenöl
1 kleine Zucchini, geraspelt
1 Möhre, fein geraspelt
1 kleine Paprika, gewürfelt
1 Bund frische Kräuter (z. B. Petersilie, Schnittlauch, Thymian oder Basilikum), fein gehackt
100 g Feta, gewürfelt
50 g geröstete Sonnenblumenkerne

ZUBEREITUNG

- Den Backofen auf 180 °C (Ober-/Unterhitze) vorheizen und eine Muffinform mit Papierförmchen auslegen oder einfetten.
- Mehl, Backpulver, Natron, Salz und Paprikapulver in einer großen Schüssel mischen. Den geriebenen Käse untermischen.
- Eier, Buttermilch und Olivenöl in einer separaten Schüssel verquirlen. Fein gehackte Kräuter einrühren.
- Zucchini und Möhre fein raspeln, überschüssige Flüssigkeit ausdrücken. Paprika klein würfeln.
- Die flüssigen Zutaten zu den trockenen geben und alles vorsichtig vermengen.
- Gemüse, Feta und geröstete Sonnenblumenkerne vorsichtig unterheben, ohne den Teig zu stark zu rühren.
- Den Teig gleichmäßig auf die Muffinförmchen verteilen.
- Muffins im vorgeheizten Backofen ca. 25-30 Minuten backen, bis sie goldbraun sind und ein Zahnstocher sauber herauskommt.
- Die Muffins aus dem Ofen nehmen, kurz in der Form abkühlen lassen und anschließend auf einem Gitter vollständig auskühlen lassen.

TIPP

- Die Muffins sind perfekt für Picknicks, Lunchboxen oder als Beilage zu Suppen und Salaten.
- Probiere auch mal klein gehackte getrocknete Tomaten oder Oliven.

4 Portionen 35 Minuten

ca. 2.962 kcal / 741 kcal p.P.

Kürbis auf Fladenbrot

ZUTATEN

Für die Fladen:
200 g Dinkelvollkornmehl
1 TL Backpulver
½ TL Salz
2 EL Schmand
80–100 ml Wasser
1 EL Olivenöl für den Teig

Für den Kürbis:
1 ganzer Hokkaido-Kürbis, Würfel
2–4 Knoblauchzehen
4–6 EL Olivenöl
2 TL Honig
50 g Walnüsse, gehackt
200 g Feta, zerbröckelt
4–6 Zweige Thymian
Salz und Pfeffer
ein Spritzer Balsamico-Essig

ZUBEREITUNG

- Dinkelvollkornmehl, Backpulver und Salz in einer Schüssel mischen.
- Schmand, Olivenöl und 80 ml Wasser hinzufügen und alles zu einem geschmeidigen Teig verkneten. Eventuell etwas Wasser hinzufügen.
- Den Teig ca. 10 Minuten ruhen lassen. In 4 gleich große Kugeln teilen und jede Teigkugel auf ein Stück Backpapier legen und ausrollen (eventuell Hände leicht befeuchten).
- Die Fladenbrote im vorgeheizten Backofen bei 200 °C (Ober-/Unterhitze) ca. 10–12 Minuten backen, bis sie leicht goldbraun sind.
- Eine große Pfanne mit 2–4 EL Olivenöl erhitzen. Die Kürbiswürfel anbraten, bis sie leicht gebräunt und weich sind (ca. 7–10 Minuten).
- 50 g Walnüsse dazugeben und 2 Minuten mitrösten, bis sie duften.
- Honig hinzufügen und den Kürbis sowie die Walnüsse karamellisieren (ca. 2 Minuten).
- Mit Salz, Pfeffer und einem Spritzer Balsamico-Essig abschmecken.
- 2–4 EL Olivenöl in einer kleinen Pfanne erhitzen und geschälte Knoblauchzehen bei niedriger Hitze 3–4 Minuten ziehen lassen. Knoblauch entfernen.
- Die warmen Fladenbrote mit dem Knoblauchöl bestreichen.
- Den karamellisierten Kürbis und die Walnüsse gleichmäßig auf die Fladenbrote verteilen.
- Feta zerbröckeln und darüberstreuen.
- Mit frischen Thymianblättchen garnieren.
- Optional mit Pfeffer, Balsamico-Essig oder Olivenöl abschließen.

4 Portionen 45 Minuten

ca. 1.800 kcal / 450 kcal p.P.

Linsen-Gemüsepfanne

ZUTATEN

200 g rote Linsen
2 EL Olivenöl
1 Zwiebel, gewürfelt
2 Knoblauchzehen, gehackt
1 rote Paprika, Würfel
200 g Blumenkohlröschen, klein geschnitten
150 g Champignons, Scheiben
2 Möhren, Scheiben
400 g Tomaten, Würfel
150 g frischer Spinat
100 g Feta, zerbröckelt
2 EL Sonnenblumenkerne, geröstet
1 TL Paprikapulver
1 TL getrockneter Thymian
Salz und Pfeffer
Saft einer halben Zitrone
frische Petersilie oder Basilikum

ZUBEREITUNG

- Die Linsen in leicht gesalzenem Wasser ca. 10–15 Minuten gar kochen. Abgießen und beiseitestellen.
- Olivenöl in einer großen Pfanne erhitzen, Zwiebel und Knoblauch glasig anbraten.
- Möhren und Paprika hinzufügen und ca. 3 Minuten bei mittlerer Hitze anbraten.
- Blumenkohlröschen dazugeben und weitere 5 Minuten mitbraten, bis der Blumenkohl leicht gebräunt ist.
- Champignons hinzufügen und weitere 2 Minuten braten.
- Tomatenwürfel in die Pfanne geben, mit Paprikapulver, Thymian, Salz und Pfeffer würzen.
- Alles gut vermengen und bei mittlerer Hitze ca. 5–7 Minuten köcheln lassen.
- Die gekochten Linsen in die Gemüsepfanne geben und unterrühren. Bei Bedarf etwas Wasser hinzufügen, falls die Mischung zu dick ist.
- Spinat untermischen und kurz zusammenfallen lassen.
- Mit Zitronensaft, Salz und Pfeffer abschmecken.
- Die Sonnenblumenkerne in einer kleinen Pfanne ohne Fett bei mittlerer Hitze rösten, bis sie goldbraun sind und duften.
- Die Linsen-Gemüsepfanne auf Teller verteilen.
- Mit zerbröckeltem Feta, gerösteten Sonnenblumenkernen und Kräutern garnieren.

Mandel-Hirseauflauf

4 Portionen | 45 Minuten

ca. 1.650 kcal / 410 kcal

ZUTATEN

200 g Hirse
500 ml Gemüsebrühe
2 mittelgroße Zucchini, Würfel
4 große Tomaten, Würfel
100 g Oliven, Ringe
150 g Feta, zerbröckelt
50 g Mandeln, gehackt
50 g getrocknete Aprikosen, fein gewürfelt
1 TL Zitronenabrieb
2 EL Olivenöl
1 Knoblauchzehe, gehackt
1 TL getrockneter Oregano
1 TL Paprikapulver
Salz und Pfeffer
2 EL frisches Basilikum oder Petersilie, gehackt

ZUBEREITUNG

- Die Hirse in einem Topf mit der Gemüsebrühe aufkochen.
- Hitze reduzieren und die Hirse zugedeckt ca. 15–20 Minuten köcheln lassen, bis die Flüssigkeit aufgesogen ist. Akühlen lassen.
- Olivenöl in einer Pfanne erhitzen, die Zucchini ca. 5 Minuten anbraten, bis sie leicht gebräunt ist.
- Knoblauch hinzufügen und kurz mitbraten.
- Mit Paprikapulver, Oregano, Zitronenabrieb, Salz und Pfeffer würzen. Vom Herd nehmen.
- Die gekochte Hirse mit der gebratenen Zucchini, gewürfelten Tomaten, Oliven, getrockneten Aprikosen und der Hälfte des Fetas vermengen.
- Mit Salz und Pfeffer abschmecken.
- Eine Auflaufform leicht einfetten und die Hirse-Gemüsemischung gleichmäßig darin verteilen.
- Den restlichen Feta und die gehackten Mandeln über die Mischung streuen.
- Den Auflauf im vorgeheizten Backofen bei 180 °C (Ober-/Unterhitze) ca. 20–25 Minuten backen, bis die Oberfläche goldbraun ist.
- Den Auflauf mit frisch gehacktem Basilikum oder Petersilie bestreuen.
- Nach Belieben einen Spritzer Zitronensaft über die Portionen träufeln, um die Aromen aufzufrischen.

TIPP

Füge kurz vor dem Servieren ein paar frische Granatapfelkerne hinzu. Sie sorgen für eine erfrischende Süße und einen angenehmen Kontrast zur herzhaften Hirse-Mischung.

4 Portionen 30 Minuten

ca. 1.360 kcal / 340 kcal p.P.

Pfannkuchen

ZUTATEN

150 g Dinkelvollkornmehl
2 Eier
200 ml Sahne-Wasser-Mischung (50:50, leicht erwärmt)
1 TL Backpulver
2 EL Schmand
1 Prise Salz

Olivenöl für die Pfanne

Spinat-Feta-Pfannkuchen:
120 g frischer Spinat
100 g Feta, zerbröselt
Kürbsikernöl

Tomate-Mozzarella-Pfannkuchen:
2 kleine Tomaten, Scheiben
120 g Mozzarella, Scheiben
1–2 TL Basilikum
Orangenöl

Salz und Pfeffer

ZUBEREITUNG

- Mehl, Backpulver und Salz in eine Schüssel geben.
- Eier, Schmand und die Sahne-Wasser-Mischung langsam einrühren, bis ein glatter Teig entsteht.
- Eine beschichtete Pfanne leicht mit Olivenöl einfetten und auf mittlerer Hitze vorheizen.
- Jeweils ein Viertel des Teigs in die Pfanne geben und gleichmäßig verteilen.
- Sobald der Teig leicht stockt, das gewünschte Topping vorsichtig auf die Oberfläche legen:
    - Spinatblätter verteilen und Feta darüber bröseln.
    - Tomatenscheiben und Mozzarella gleichmäßig verteilen.
- Einen Deckel auf die Pfanne setzen und die Hitze leicht reduzieren.
- Die Pfannkuchen ca. 7 Minuten sanft garen lassen, bis der Käse geschmolzen ist und die Oberfläche vollständig gestockt ist.
- Die fertigen Pfannkuchen vorsichtig aus der Pfanne nehmen und direkt servieren.
- Für Spinat-Pfannkuchen: Etwas Kürbiskernöl darüber tröpfeln.
- Für Tomaten-Pfannkuchen: Basilikum und Orangenöl hinzufügen.
- Salz und Pfeffer nach Belieben hinzufügen.

TIPP

Probiere weitere Variationen wie Ziegenkäse mit Honig oder gebratene Pilze mit Kräutern für mehr Abwechslung.

4 Portionen 60 Minuten

ca. 2.250 kcal / 560 kcal p.P.

Semmelknödel mit Pilzen

ZUTATEN

Für 6 Vollkornbrötchen:

250 g Dinkelvollkornmehl
1 TL Backpulver
½ TL Salz
150 ml Buttermilch
2 EL Olivenöl

Für die Semmelknödel:

6 Vollkornbrötchen
1 Zwiebel, gewürfelt
1 EL Butter
2 EL frische Petersilie, gehackt
200 ml Sahne-Wasser-Mischung (100 ml Sahne + 100 ml Wasser, leicht erwärmt)
2 Eier
Salz, Pfeffer, Muskatnuss

ZUBEREITUNG

Vollkornbrötchen

- Dinkelvollkornmehl, Backpulver und Salz in einer Schüssel mischen.
- Buttermilch und Olivenöl hinzufügen und alles zu einem glatten Teig verkneten.
- Den Teig in 6 gleich große Portionen teilen, zu Brötchen formen und auf ein mit Backpapier ausgelegtes Backblech legen.
- Im vorgeheizten Backofen bei 200 °C (Ober-/Unterhitze) ca. 20 Minuten backen, bis sie goldbraun sind.
- Aus dem Ofen nehmen und abkühlen lassen.

Semmelknödel

- Die Brötchen in kleine Würfel schneiden.
- Butter in einer Pfanne schmelzen, die Zwiebeln glasig dünsten und mit der Petersilie zu den Brötchenwürfeln geben.
- Die warme Sahne-Wasser-Mischung über die Brötchen gießen und 5 Minuten ziehen lassen.
- Eier, Salz, Pfeffer und Muskatnuss hinzufügen und alles gut vermengen, bis eine formbare Masse entsteht.
- Mit feuchten Händen Knödel formen.
- In leicht siedendem Salzwasser ca. 15 Minuten garen.

ZUTATEN - 2

<u>Für die Pilze:</u>
500 g Pilze
1 Zwiebel, gewürfelt
1 Knoblauchzehe, gehackt
2 EL Olivenöl
1 EL Vollkornmehl
200 ml Sahne-Wasser-Mischung
150 ml Gemüsebrühe
Salz, Pfeffer, Muskatnuss

<u>Toppings:</u>
30 g Pinienkerne, geröstet
50 g geriebener Käse
frische Petersilie

ZUBEREITUNG - 2

Pilze und Sahnesauce

- Olivenöl in einer Pfanne erhitzen, Zwiebeln und Knoblauch anschwitzen.
- Pilze hinzufügen und 5–7 Minuten bei mittlerer Hitze braten, bis sie leicht gebräunt sind.
- Mehl über die Pilze stäuben und kurz anschwitzen.
- Sahne-Wasser-Mischung und Gemüsebrühe unter Rühren hinzufügen und die Sauce aufkochen.
- Mit Salz, Pfeffer und Muskatnuss abschmecken und leicht eindicken lassen.
- Pinienkerne in einer kleinen Pfanne ohne Fett rösten.
- Die fertigen Semmelknödel mit der Pilz-Sahnesauce auf Teller anrichten.
- Mit geriebenem Käse und den gerösteten Pinienkernen bestreuen.
- Nach Belieben mit frischer Petersilie oder Schnittlauch garnieren.

4 Portionen 45 Minuten

ca. 1.440 kcal / 360 kcal p.P.

Spinatpfanne

ZUTATEN

200 g getrocknete Kichererbsen
2 EL Olivenöl
1 Zwiebel, gewürfelt
2 Knoblauchzehen, gehackt
300 g frische Tomaten, Würfel
2 EL Tomatenmark
200 g Champignons, Scheiben
500 g frischer Spinat
1 TL Paprikapulver
1 TL Honig
Salz und Pfeffer
Saft von ½ Zitrone
2 EL Cashewkerne, grob gehackt
1 Handvoll frische Petersilie, gehackt
4 EL Schmand

ZUBEREITUNG

- Die getrockneten Kichererbsen über Nacht in Wasser einweichen.
- Am nächsten Tag abgießen, mit frischem Wasser bedecken und 45–60 Minuten weich kochen. Abgießen und beiseitestellen.
- Olivenöl in einer großen Pfanne erhitzen.
- Zwiebel und Knoblauch glasig anschwitzen.
- Champignons hinzufügen und ca. 5 Minuten anbraten, bis sie leicht gebräunt sind.
- Tomatenmark zu den Champignons geben und kurz mitrösten.
- Gewürfelte Tomaten hinzufügen, mit Salz, Pfeffer, Paprikapulver und Honig würzen.
- Sauce ca. 10 Minuten köcheln lassen, bis sie leicht eingedickt ist.
- Gekochte Kichererbsen zur Sauce geben und 5 Minuten mitköcheln lassen.
- Spinat portionsweise unterheben und zusammenfallen lassen. Mit Zitronensaft abschmecken.
- Cashewkerne in einer kleinen Pfanne ohne Fett bei mittlerer Hitze rösten, bis sie leicht goldbraun sind.
- Die Spinatpfanne auf Teller verteilen.
- Mit gerösteten Cashewkernen und frischer Petersilie bestreuen.
- Jeweils 1 EL Schmand als Topping hinzufügen.

TIPP

Rühre zum Schluss 1 TL Mandelmus in die Tomatensauce ein. Das verleiht der Sauce eine cremige Konsistenz und einen nussigen Geschmack.

4 Portionen 45 Minuten

ca. 2.200 kcal / 550 kcal p.P.

Spinat-Nocken mit Ei

ZUTATEN

Für die Nocken:
200 g Vollfettquark
100 g frischer Spinat
1 Ei
70 g Dinkelvollkornmehl
30 g geriebener Parmesan
1 Prise Muskatnuss
Salz und Pfeffer

Für die Sahnesauce:
200 ml Sahne
100 ml Wasser
1 TL Kurkuma
1 Knoblauchzehe, gehackt
1 TL Butter
Salz und Pfeffer
20 g geriebener Parmesan

Für das Brokkoligemüse:
300 g Brokkoli
1 EL Olivenöl
1 Knoblauchzehe, gehackt
30 g Mandelblättchen
Salz und Pfeffer
1 TL Zitronensaft

ZUBEREITUNG

- Quark, gehackten Spinat, Ei, Mehl, Parmesan, Muskatnuss, Salz und Pfeffer in einer Schüssel gut vermengen. Ca. 10 Minuten ruhen lassen.
- Mit zwei Teelöffeln Nocken formen und in siedendem Salzwasser ca. 5 Minuten garen, bis sie an die Oberfläche steigen. Herausnehmen und warm halten.
- Butter in einem kleinen Topf schmelzen, Knoblauch darin anschwitzen.
- Sahne, Wasser und Kurkuma hinzufügen, gut verrühren und aufkochen lassen.
- Parmesan einrühren, Sauce mit Salz und Pfeffer abschmecken und bei niedriger Hitze leicht eindicken lassen.
- Brokkoliröschen in Salzwasser 3–4 Minuten blanchieren, abgießen und abschrecken.
- In einer Pfanne Olivenöl erhitzen, Knoblauch kurz anbraten, Brokkoli hinzufügen und bei mittlerer Hitze 3 Minuten braten.
- Mit Salz, Pfeffer und Zitronensaft abschmecken, Mandelblättchen darüberstreuen.
- Olivenöl in einer Pfanne erhitzen, Zwiebel glasig dünsten, Knoblauch hinzufügen und kurz anschwitzen.
- Spinat portionsweise in die Pfanne geben und zusammenfallen lassen. Mit Muskatnuss, Salz und Pfeffer würzen. Parmesan unterheben.
- Leicht abkühlen lassen.
- Dann auf einem Backblech vier Nester formen.

ZUTATEN - 2

Für das Spinat-Nest:
400 g frischer Spinat
4 Eier
50 g geriebener Parmesan
1 kleine Zwiebel, gewürfelt
1 Knoblauchzehe, gehackt
1 EL Olivenöl
1 Prise Muskatnuss
Salz und Pfeffer

ZUBEREITUNG - 2

- In die Mitte jedes Nestes vorsichtig ein Ei schlagen und im vorgeheizten Backofen bei 180 °C ca. 10–12 Minuten backen, bis das Eiweiß gestockt ist.
- Kurkuma-Sahnesauce auf Teller verteilen, darauf die Nocken setzen.
- Brokkoligemüse daneben anrichten.
- Eier im Parmesan-Spinat-Nest dazugeben.
- Mit frisch geriebenem Parmesan bestreuen.

TIPP

- Achte darauf, die Nocken-Masse nicht zu lange zu rühren und die Nocken vorsichtig ins siedende Wasser zu geben, damit sie ihre Form behalten und locker bleiben.
- Etwas Zitronensaft in die Kurkuma-Sahnesauce einrühren, bevor sie eindickt, für mehr Frische.

4 Portionen 50 Minuten

ca. 1.350 kcal / 340 kcal p.P.

Wirsing-Röllchen

ZUTATEN

Für die Wirsingröllchen:
8 große Wirsingblätter
1 EL Olivenöl
1 Zwiebel, gewürfelt
1 Knoblauchzehe, gehackt
100 g Hirse
250 ml Gemüsebrühe
1 rote Paprika, Würfel
1 Möhre, gerieben
1/2 TL Paprikapulver
1 Prise Chiliflocken
1 TL frische Petersilie
Salz und Pfeffer

Für die Tomatensauce:
1 EL Olivenöl
1 Zwiebel, fein gehackt
2 Knoblauchzehen, gehackt
400 g frische Tomaten, fein gehackt
50 ml Sahne
50 ml Wasser
1 TL Honig
1/2 TL Paprikapulver
1 Prise Chiliflocken
Salz und Pfeffer

ZUBEREITUNG

- Wirsingblätter in kochendem Salzwasser ca. 4-5 Minuten blanchieren, kalt abschrecken und trocken tupfen.
- Den dicken Mittelstrunk leicht herausschneiden, damit die Blätter besser gerollt werden können.
- 1 EL Olivenöl in einem kleinen Topf erhitzen, Zwiebel und Knoblauch glasig dünsten.
- Hirse hinzufügen, kurz anrösten, mit Gemüsebrühe ablöschen und bei niedriger Hitze ca. 10–12 Minuten köcheln lassen, bis die Flüssigkeit aufgenommen wurde.
- Paprika, Möhre, Paprikapulver, Chiliflocken und Petersilie unter die gekochte Hirse mischen. Mit Salz und Pfeffer abschmecken und abkühlen lassen.
- Je ein Blatt Wirsing auf eine Arbeitsfläche legen, 2–3 EL der Hirsefüllung auf das untere Drittel geben.
- Die Seiten der Blätter einschlagen, das Blatt straff aufrollen und mit einem Zahnstocher fixieren oder mit Küchengarn binden.
- Olivenöl in einem Topf erhitzen, Zwiebel und Knoblauch glasig anschwitzen.
- Frische Tomaten hinzufügen und ca. 10 Minuten köcheln lassen, bis eine sämige Sauce entsteht.
- Sahne-Wasser-Mischung, Honig, Paprikapulver und Chiliflocken einrühren, mit Salz und Pfeffer abschmecken.

ZUTATEN - 2

Für die Ofentomaten:
150 g Cocktailtomaten
1/2 EL Olivenöl
1/2 TL Honig
Salz und Pfeffer
1 Zweig frischer Thymian

frische Kräuter (Petersilie oder Basilikum)

ZUBEREITUNG - 2

- Die Tomatensauce in eine große ofenfeste Form geben, die Wirsingröllchen hineinlegen und bei 180 °C (Ober-/Unterhitze) ca. 25-30 Minuten schmoren lassen.
- Cocktailtomaten halbieren und in eine kleine ofenfeste Form geben.
- Mit Olivenöl, Honig, Salz, Pfeffer und Thymian vermengen und bei 180 °C ca. 15 Minuten rösten (mit dem Wirsing zusammen).
- Wirsingröllchen mit der Tomatensauce auf Teller legen.
- Karamellisierte Ofen-Cocktailtomaten daneben anrichten oder als Topping über die Röllchen geben.
- Mit frischen Kräutern wie Petersilie oder Basilikum garnieren.

TIPP

Bestreue die Wirsingröllchen mit gerösteten Nüssen oder Samen.

4 Portionen 35 Minuten

ca. 1.515 kcal / 379 kcal p.P.

Flammkuchen Spezial

ZUTATEN

Für den Teig:
200 g Vollkornmehl Dinkel
100 ml Wasser (lauwarm)
1 EL Olivenöl
½ TL Salz

Für den Belag:
150 g Kürbis, dünn gehobelt
1 kleine Rote Bete, gehobelt
100 g Feta, zerbröckelt
2 EL Schmand
2 EL Honig
1 Prise Zimt
1 EL Olivenöl (Orange)
2–3 Zweige Thymian
40 g Walnüsse, gehackt
50 g frischer Rucola
Salz, Pfeffer, Chili,
getrockneter Thymian

ZUBEREITUNG

- Vollkornmehl, Wasser, Olivenöl und Salz in einer Schüssel zu einem glatten Teig kneten.
- Den Teig in zwei Portionen teilen, abdecken und ca. 10 Minuten ruhen lassen.
- Walnüsse in einer kleinen Pfanne ohne Fett rösten, Honig hinzufügen und gut vermengen.
- Mit einer Prise Salz bestreuen und die Walnüsse auf Backpapier abkühlen lassen.
- Den Kürbis und die Rote Bete in dünne Scheiben hobeln.
- Schmand mit Salz, Pfeffer und optional Chili glattrühren.
- Feta zerbröckeln.
- Den Teig auf Backpapier dünn ausrollen und mit Schmand bestreichen. Kürbis- und Rote-Bete-Scheiben darauf verteilen, Feta, Honig und Zimt darübergeben.
- Thymianzweige auflegen und mit Orangen-Olivenöl beträufeln.
- Im vorgeheizten Ofen bei 220 °C (Ober-/Unterhitze) ca. 12–15 Minuten backen, bis der Rand knusprig ist.
- Flammkuchen mit Rucola belegen, mit karamellisierten Walnüssen bestreuen und nach Wunsch Honig oder Orangen-Olivenöl darüberträufeln.

TIPP

Gib vor dem Servieren einen Hauch Balsamico-Essig oder Zitronenabrieb über den Rucola, um die Frische zu betonen.

Gemüse-Quiche

4 Portionen   80 Minuten

ca. 2.580 kcal / 645 kcal p.P.

ZUTATEN

Für den Vollkornboden:
200 g Dinkelvollkornmehl
100 g kalte Butter
1 Ei
1 Prise Salz
3-4 EL kaltes Wasser

Für die Füllung:
3 Eier
200 ml Schmand
100 ml süße Sahne
100 g geriebener Käse
1 kleine Zwiebel, gewürfelt
200 g Zucchini, Würfel
200 g Kirschtomaten
100 g frischer Spinat (od.TK)
2 EL Olivenöl zum Anbraten
1 TL Senf
1 TL getrockneter Oregano
1 TL getrockneter Thymian
Chili nach Geschmack
1 Prise Muskat
Salz und Pfeffer

ZUBEREITUNG

- Mehl, kalte Butter in Stücken, Ei, Salz und 2 EL kaltes Wasser in eine Schüssel geben. Zügig zu einem glatten Teig kneten, bei Bedarf mehr Wasser hinzufügen.
- Teig zu einer Kugel formen, in Frischhaltefolie wickeln, 30 Min. kühlen.
- Olivenöl in einer Pfanne erhitzen, Zwiebelwürfel glasig anschwitzen.
- Zucchini hinzufügen und leicht anbraten, bis sie Farbe bekommen.
- Spinat hinzufügen und kurz mitbraten, bis er zusammenfällt.
- Mit Oregano, Thymian, Chili, Salz und Pfeffer würzen, abkühlen lassen.
- Backofen auf 180 °C (Ober-/Unterhitze) vorheizen.
- Kuchenform mit Backpapier auslegen, Teig ausrollen und an den Rändern hochziehen.
- Teigboden mehrfach mit einer Gabel einstechen.
- Mit Backpapier abdecken und mit Reiskörnern beschweren, 10 Minuten backen (sog. blindbacken). Backpapier und Körner entfernen, weitere 5 Minuten backen.
- Eier, Schmand, Sahne und Senf glatt rühren. Geriebenen Käse unterheben, mit Salz, Pfeffer und Muskat abschmecken.
- Vorgebackenen Teig mit gebratenem Gemüse belegen. Kirschtomatenhälften darauf verteilen.
- Eier-Sahne-Mischung darüber gießen, sodass alles bedeckt ist.
- Quiche 35–40 Min. backen, bis sie goldbraun ist. Bei Bedarf mit Alufolie abdecken, falls die Oberfläche zu schnell bräunt.
- Quiche vor dem Servieren 10 Minuten ruhen lassen.

4 Portionen 50 Minuten
ca. 2.827 kcal / 707 kcal p.P.

Pizza Vegetaria

ZUTATEN

Für den Teig:
300 g Dinkelvollkornmehl
2 TL Backpulver
½ TL Salz
150 g Quark
30 ml Sahne
30 ml Wasser
50 ml Olivenöl
1 TL Honig

Für die Tomatensauce:
3 EL Tomatenmark
4 EL Wasser
1 TL Oregano
1 TL italienische Kräuter
½ TL Paprikapulver
1 Knoblauchzehe, gehackt
Salz, Pfeffer, Chili

Für den Belag:
2 Paprika, Streifen
1 Zucchini, Streifen
1 Handvoll Kirschtomaten
1 rote Zwiebel, Ringe
150 g geriebener Köse
100 g Mozzarella, Stücke
2 EL geröstete Pinienkerne

ZUBEREITUNG

- Mehl, Backpulver und Salz in einer Schüssel vermengen.
- Quark, Sahne-Wasser-Mischung, Olivenöl und Honig hinzufügen.
- Zu einem geschmeidigen Teig kneten, leicht bemehlen, falls er klebt.
- Teig zu einer Kugel formen, abdecken und 15 Minuten ruhen lassen.
- Tomatenmark mit Wasser glatt rühren, mit Oregano, Paprikapulver, Knoblauch, Basilikum, Salz und Pfeffer abschmecken.
- Backofen auf 220 °C (Ober-/Unterhitze) vorheizen.
- Den Teig auf einem mit Backpapier ausgelegtem Backblech ausrollen.
- Tomatensauce gleichmäßig auf dem Teig verstreichen.
- Erste Schicht geriebenen Käse über die Sauce streuen.
- Paprikastreifen, Zucchini, Kirschtomaten und Zwiebelringe in einer Schüssel mit etwas Salz mischen und auf der Pizza verteilen.
- Mit Mozzarella bestreuen und die gerösteten Pinienkerne darüber verteilen.
- Pizza im vorgeheizten Ofen ca. 20–25 Minuten backen, bis der Käse goldbraun und der Teig durchgebacken ist.

TIPP

- Gib vor dem Servieren Rucola und Chiliöl oder Orangenöl über die fertige Pizza.
- Belege die Pizza ganz nach deinem Geschmack.

Zwiebelkuchen

4 Portionen 65 Minuten

ca. 2.475 kcal / 619 kcal p.P.

ZUTATEN

Für den Hefeteig:

250 g Dinkelvollkornmehl
1/2 Würfel frische Hefe
125 ml lauwarmes Wasser
1 TL Salz
1/2 TL Honig
2 EL Olivenöl

Für die Füllung:

500 g große Zwiebeln, geschält und in feine Ringe
1 rote Paprika, Würfel
1 reife Birne, Scheiben
200 g Schmand
100 g Naturjoghurt
2 Eier
50 g geriebener Käse (für die Füllung)
50 g geriebener Käse (zum Drüberstreuen)
1/2 TL Paprikapulver
1 TL Salz
Pfeffer nach Geschmack
10 g frischer Schnittlauch
1 EL Olivenöl

ZUBEREITUNG

- Die Hefe im lauwarmen Wasser auflösen.
- Dinkelvollkornmehl, Salz, Honig und Olivenöl in eine Schüssel geben, das Hefewasser hinzufügen.
- Den Teig mit leicht feuchten Händen ca. 8–10 Minuten kneten, bis er geschmeidig ist.
- Teig abgedeckt ca. 30 Minuten an einem warmen Ort gehen lassen, bis er sein Volumen verdoppelt hat.
- Öl in einer großen Pfanne erhitzen, Zwiebeln ca. 15 Minuten glasig dünsten.
- Paprikawürfel hinzufügen und weitere 3–4 Minuten mitdünsten.
- In einer großen Schüssel Schmand, Joghurt, Eier, geriebenen Käse, Paprikapulver, Salz, Pfeffer und Schnittlauch verrühren.
- Gedünstete Zwiebeln und Paprika unter die Mischung heben.
- Teig auf einem mit Backpapier ausgelegtem Backblech ausrollen.
- Am Rand vorsichtig arbeiten, damit die Füllung nicht überläuft.
- Füllung gleichmäßig auf dem Teig verteilen.
- Birnenscheiben dekorativ auf der Füllung anordnen.
- Restlichen Käse (50 g) darüberstreuen.
- Im vorgeheizten Backofen bei 200 °C (Ober-/Unterhitze) ca. 30–35 Minuten backen, bis die Füllung gestockt und der Käse leicht gebräunt ist.

TIPP

Probiere statt Birnen dünne Apfelscheiben.

20 Stück 40 Minuten

ca. 1.000 kcal / 50 kcal p.P.

Gemüse Bratlinge

ZUTATEN

300-400 g Gemüsereste von der Gemüsebrühe
100 g VK-Haferflocken
1 Ei
1 kleine Zwiebel, gewürfelt
1 Knoblauchzehe, gehackt
2 EL Dinkelvollkornmehl
1 TL Senf
1/2 TL Paprikapulver
1/2 TL Salz
Pfeffer
3 EL Petersilie, fein gehackt
Öl zum Braten

ZUBEREITUNG

- Gemüse grob zerdrücken oder kurz pürieren, leicht stückig lassen.
- Haferflocken, Zwiebel, Knoblauch, Ei, Mehl, Senf und Gewürze einrühren. Falls es zu feucht ist, mehr Haferflocken oder Mehl hinzufügen.
- Die Mischung etwa 10 Minuten ruhen lassen, damit die Haferflocken quellen und die Masse stabiler wird.
- Kleine Bratlinge formen, ca. 1–2 cm dick.
- In einer Pfanne mit etwas Öl die Bratlinge bei mittlerer Hitze von beiden Seiten goldbraun braten (je ca. 4–5 Minuten).
- Wenn die Bratlinge innen noch weich sind, im Ofen die Bratlinge bei 170 Grad ca. 10–15 Minuten mit Alufolie abgedeckt backen.
- Warm servieren, z. B. mit Kräuterquark, Salat oder auf einem Vollkornbrötchen als vegetarischer Burger.

10 Stück · 45 Minuten

ca. 1.243 kcal / 124 kcal p.P.

Grünkern Frikadellen

ZUTATEN

200 g Grünkernschrot
1 kleine Zwiebel, gewürfelt
1 Möhre, fein geraspelt
1 Ei
50 g VK-Haferflocken
2 EL Vollkornmehl
1 TL Senf
1 TL Paprikapulver
1 TL getrockneter Thymian
Salz und Pfeffer
1-2 EL Olivenöl zum Bepinseln

ZUBEREITUNG

- Grünkernschrot mit der doppelten Menge Wasser (ca. 400 ml) und etwas Salz aufkochen. Bei niedriger Hitze ca. 15–20 Minuten köcheln lassen, bis der Grünkern weich ist und das Wasser aufgenommen hat. Abkühlen lassen.
- Zwiebel in etwas Öl glasig anbraten. Möhre fein raspeln.
- Grünkern, angebratene Zwiebel, geraspelte Möhre, Ei, Haferflocken, Senf, Paprikapulver, Thymian, Salz und Pfeffer in einer großen Schüssel gut vermengen. Ggf. etwas Mehl hinzufügen.
- Frikadellen formen und auf ein Backblech legen. Mit einem Pinsel etwas Olivenöl auftragen.
- Im vorgeheizten Ofen bei 180 °C (Ober-/Unterhitze) ca. 25 Min. backen. Nach der Hälfte wenden, damit sie gleichmäßig garen.
- Frikadellen leicht abkühlen lassen und servieren.

15 Stück 45 Minuten

ca. 1.250 kcal / 85 kcal p.P.

Hirse Küchlein

ZUTATEN

200 g Hirse
1 große Möhre, geraspelt
1/2 Kohlrabi, geraspelt
1 kleine Zwiebel, gewürfelt
1 Knoblauchzehe, gehackt
1 EL Olivenöl
2 Eier
4 EL VK-Haferflocken
1 TL Paprikapulver
1/2 TL Kurkuma
1/4 TL Chili
Salz und Pfeffer
Öl zum Braten

ZUBEREITUNG

- Hirse in einem Topf mit 500 ml Wasser bei mittlerer Hitze ca. 15 Minuten garen. Vom Herd nehmen und abkühlen lassen.
- In einer Pfanne Zwiebeln und Knoblauch mit 1 EL Öl glasig dünsten.
- Möhre und Kohlrabi hinzufügen und etwa 5 Minuten anbraten, bis das Gemüse leicht weich ist. Mit Paprikapulver, Chili, Kurkuma sowie Salz und Pfeffer würzen. Beiseite stellen.
- Die abgekühlte Hirse mit dem Gemüse vermengen. Haferflocken und Eier hinzufügen und gut durchmischen. Falls die Masse noch zu feucht ist, 1–2 zusätzliche EL Haferflocken einrühren und 5 Minuten quellen lassen, damit sie fester wird. Alles gut abschmecken.
- Frikadellen formen. Eventuell Hände leicht anfeuchten.
- Frikadellen in einer Pfanne mit Öl bei mittlerer Hitze auf jeder Seite ca. 4–5 Minuten goldbraun braten.

4 Portionen | 10 Minuten

ca. 350 kcal / 88 kcal p.P.

Kräuter-Schmand-Dip

- 200 g Schmand in eine Schüssel geben und mit 1,5 TL Senf, 1 TL Zitronensaft, 2 EL frisch gehackten Kräutern, 1 TL geriebener Zitronenschale vermengen.
- Mit Salz, Pfeffer und 1 TL Honig abschmecken, gut verrühren.
- Den Dip für ca. 10 Minuten ziehen lassen, damit die Aromen sich entfalten.

2 Portionen | 5 Minuten

ca. 100 kcal / 50 kcal p.P.

Tomaten-Joghurt-Dip

- 150 g Naturjoghurt, 2 EL Tomatenmark, 1 TL Paprikapulver, 1 EL Schnittlauch (klein geschnitten), ½ TL Honig, ein Spritzer frischer Zitronensaft, Salz, Pfeffer in einer Schüssel gut verrühren
- Den Dip kurz ziehen lassen.

2 Portionen | 5 Minuten

ca. 297 kcal / 148 kcal p.P.

Avocado-Mousse

- 7 g Pinienkerne in einer Pfanne rösten.
- Mit einer reifen Avocado, 1 TL Zitronensaft, Salz, Pfeffer, einer kleinen Tomate (fein gewürfelt), 1 EL fein gehackten Petersilie cremig pürieren.
- Vor dem Servieren ziehen lassen.

12 Wochen Ernährung

Gefallen dir meine vegetarischen Rezepte? Hast du Freude an der leckeren vollwertigen Ernährung und möchtest dich langfristig gesund ernähren?

Dann möchte ich dir meinen 12-Wochen-Ernährungskurs ans Herz legen. Dieser Kurs bietet dir nicht nur fundiertes Wissen über gesunde Ernährung, sondern zeigt dir auch, wie du diese einfach und genussvoll in deinen Alltag integrieren kannst. Mit mir an deiner Seite!

Durch die Umstellung auf eine vitalstoffreiche und vollwertige Ernährung stärkst du deine Gesundheit, du verbesserst deine Figur und hast mehr Energie.

Du erhältst persönliches Coaching, einen maßgeschneiderten Ernährungsplan, über 250 leckere Rezepte, 20 Videos von mir (10x Ernährung Theorie, 10x Praxis Kochen & Backen).

Und noch viel mehr. Du wirst Teil unserer wertvollen Community, kannst regelmäßig an unseren Live-Talks teilnehmen und bekommst Zugang zu unserer exklusiven Mediathek mit wertvollen Tipps und motivierenden Videos.

Dieser Kurs ist ideal für alle, die ihre Ernährungsgewohnheiten langfristig und stressfrei ändern möchten – ohne Verzicht, aber mit viel Freude am gesunden Genuss.

Lass uns gemeinsam den Weg zu einer gesünderen und glücklicheren Lebensweise gehen!

Sichere dir dein ***kostenfreies*** Beratungsgespräch mit mir.

Für mehr Informationen scanne den QR-Code:

www.antjebrand.de/12wochen-ernaehrung

Nie wieder Heißhunger

Kennst du das Gefühl, aus Langeweile, Stress oder Frust Heißhunger zu haben? Auf Süßes, Knabberkram oder beides? Fällt es dir schwer, zu widerstehen? Möchtest du lernen, wie du dieses Verlangen langfristig in den Griff bekommen kannst? Dann ist mein Kurs "Joyful Eating - Nie wieder Heißhunger" genau das Richtige für dich!

In diesem Video-Kurs zeige ich dir Schritt für Schritt, wie du den Ursachen von deinem Heißhunger auf den Grund gehst und du die Kontrolle über dein Essverhalten zurück erlangst. Wir lösen ungesunde Strukturen auf, die du seit Jahrzehnten gefestigt hast.

Mit praktischen Tipps, alltagstauglichen Strategien und einem positiven Mindset wirst du lernen, dein Essverhalten nachhaltig zu verändern und Heißhungerattacken effektiv zu überwinden. Du erhältst in über 40 Videos alle notwendigen Tools, die dir wirklich helfen, dauerhaft ein entspanntes Verhältnis zum Essen zu bekommen, ohne dass du dabei das Gefühl hast, verzichten zu müssen.

Das Beste: Du hast mich und meine großartige Community die ganze Zeit persönlich an deiner Seite. Du profitierst von wertvollen Tipps, Erfahrungen unserer Teilnehmer und regelmäßigen Austauschmöglichkeiten.

Lass uns gemeinsam den Weg zu einem entspannten und gesunden Essverhalten gehen, bei dem Heißhunger keine Chance mehr hat!

Sichere dir deinen exklusiven **Gutschein über 50 €:** JOYFUL50

Für mehr Informationen scanne den QR-Code:

www.antjebrand.de/joyfuleating

**Den Gutschein einfach bei deiner Bestellung einlösen.*

Mein Geschenk für dich!

Abonniere meinen **Newsletter** und erhalte regelmäßig Rezepte und wertvolle Tipps für eine gesunde Lebensweise. Als kleines **Dankeschön** schenke ich dir **10 exklusive Rezepte für köstliche Pralinen und Plätzchen**.

So einfach geht's:

- Schicke eine **E-Mail an antje@antjebrand.de** mit dem Betreff "**Vegetarisch genießen**".
- Als **Dankeschön** bekommst du deine exklusiven **10 Bonus-Rezepte** als praktisches PDF-Magazin.

Und noch eine kleine Bitte...

Eine Produktrezension ist für mich ungemein wertvoll.

Es wäre fantastisch, wenn du mir eine kurze Bewertung zu meinem Buch auf Amazon schreiben könntest.

- Scanne einfach den QR Code.
- Vergib eine Sternebewertung
- Verfasse einen kurzen Text.
- Zum Schluss klickst du auf "Absenden".

DANKE!